Band 57

Schriften zum Sozialrecht

hervorgegangen aus den von Prof. Dr. Ulrich Becker begründeten „Schriften zum deutschen und europäischen Sozialrecht“

Katharina M. Hauer

# Die „Fürsorge-Entscheidung“ des Bundesverwaltungsgerichts (BVerwGE 1, 159) aus rechtshistorischer Sicht

Nomos

Onlineversion
Nomos eLibrary

**Die Deutsche Nationalbibliothek** verzeichnet diese Publikation in der Deutschen Nationalbibliografie; detaillierte bibliografische Daten sind im Internet über http://dnb.d-nb.de abrufbar.

Zugl.: Frankfurt am Main, Univ., Diss., 2019

ISBN 978-3-8487-6842-4 (Print)
ISBN 978-3-7489-0941-5 (ePDF)

**D 30**

1. Auflage 2020

# Danksagung

Lange währte das Projekt, endlich ist es gut – ein Examen hat es überdauert, eine Eheschließung, die Geburt zweier Kinder, den Schritt in die Selbständigkeit.

Was Bestand hatte: die Unterstützung meiner Familie und Freunde. Dafür, für unzählige Stunden des Korrekturlesens, der Kinderbetreuung, Worte der Ermutigung, des Antreibens und schließlich die gemeinsame Freude über den guten Abschluss des Vorhabens, habt Dank.

Besonders danke ich meiner Oma, du weißt Bescheid.

Die Arbeit widme ich meiner Mama.

# Inhaltsverzeichnis

# A. Einleitung

Das Rechtsgebiet der Fürsorge war in den Jahren nach dem Zweiten Weltkrieg für eine große Anzahl von Menschen unmittelbar von Belang, wurde aber gleichwohl in der wissenschaftlichen Behandlung nahezu ausgeblendet. Sowohl aus politischer als auch rechtlicher Perspektive herrschte die Auffassung vor, dass Armut ebenso wie jede andere ökonomische Notlage selbstverschuldet, sogar moralisch vorwerfbar sei. Die Weimarer Verfassung hatte zwar erste Ansätze zur Entwicklung eines Wohlfahrtsstaates geboten, allerdings korrespondierten einander Recht auf und Pflicht zur Arbeit in deren Art. 163; Ziel von Wohlfahrtsmaßnahmen war dementsprechend die (Re-)Integration Betroffener in Arbeitsverhältnisse.[1] Ein Rechtsanspruch Einzelner auf Fürsorgeleistungen gegenüber dem Staat wurde verneint. In einer richtungsweisenden Entscheidung des Bundesamtes für das Heimatwesen hatte es bereits 1901 geheißen, „Subjekt, Träger des Anspruchs auf Unterstützung" sei nicht „[d]er Arme", sondern vielmehr „die Allgemeinheit, der Staat".[2]

Diese Rechtsauffassung blieb bis in die frühen Jahre der Bundesrepublik herrschend und wandelte sich nur langsam, wobei zunächst einige Landesverwaltungsgerichte einen Rechtsanspruch auf Fürsorgeleistungen bejahten. Grundlegende Änderungen traten in diesem Zusammenhang allerdings erst mit dem Urteil des Bundesverwaltungsgerichts vom 24.06.1954 (BVerwGE 1, 159) ein, das den Gegenstand der vorliegenden Untersuchung bildet. Ein Wandel in der Rechtsprechung hatte sich davor auf der Ebene einzelner Länder abgezeichnet. Er spiegelte verfassungsrechtliche Veränderungen, zunächst ebenfalls auf Landesebene, dann auf jener des Grundgesetzes wider. Zugleich werden hier aber auch Wandlungen in der soziokulturellen und politischen Wahrnehmung von Armut und staatlicher Wohlfahrt deutlich.[3]

1 Christoph Sachße/Florian Tennstedt. Geschichte der Armenfürsorge in Deutschland, Bd. 2: Fürsorge und Wohlfahrtspflege 1871 – 1929, Stuttgart et al.: Kohlhammer 1988, S. 77 ff.

2 Das Recht auf Fürsorge, NDV 1954, S. 133.

3 Christoph Sachße/Florian Tennstedt. Geschichte der Armenfürsorge in Deutschland, Bd. 4: Fürsorge und Wohlfahrtspflege in der Nachkriegszeit 1945 – 1953, Stuttgart et al.: Kohlhammer 2012, S. 77 f.

Große Bedeutung für die skizzierten Veränderungen hatten die Nachkriegsverhältnisse in Deutschland. Kriegsschäden, Engpässe in der Nahrungsversorgung und die Folgen der Währungsreform ließen die Zahl derer beträchtlich steigen, die Fürsorgeleistungen erhielten, wenngleich nicht in jener Höhe, die nach der Wirtschaftskrise von 1929 Anfang der 1930er-Jahre erreicht worden waren.[4] Was allerdings sehr deutlich stieg, war ein allgemeines Verständnis dafür, dass eine große Zahl von Menschen in widrige Verhältnisse geraten war, die sie nicht selbst verursacht hatten.

Dies wird etwa mit Blick auf einen Aufsatz deutlich, den Dieter Rosner im Nachrichtendienst des deutschen Verbandes für öffentliche und private Fürsorge vom Mai/Juni 1951 veröffentlichte:

Verschiedene Gruppen Hilfsbedürftiger drängten demzufolge nach Unterstützung, darunter „Heimatvertriebene, Alters- und Invalidenrentner, Ausgebombte, Wohnungslose, in Kellern und Baracken Hausende, Kriegsgefangene, Fürsorgebedürftige, verdrängte Beamte, Kriegsversehrte und Hinterbliebene sowie Arbeitslose".[5]

Hauptfolgen des Krieges waren nach Rosners Einschätzung die Zerstörung von nahezu 2 Millionen und Beschädigung von ca. 3 Millionen Wohnungen sowie Verluste von größtenteils landwirtschaftlicher Nutzfläche in den Ostgebieten (47% des Gebietes der Weimarer Republik)[6]. Der enorme Bevölkerungszuwachs, vor allem aus den ehemaligen Ostgebieten, führte zu einem Fehlbestand von etwa 5 bis 10 Millionen Wohnungen.[7]

Was hier zu ergänzen bleibt, da Rosner nicht darauf hinweist, waren mehrere Millionen sog. „Displaced Persons" (DPs), „die sich aufgrund von Kriegseinwirkungen im weitesten Sinne außerhalb ihres Heimatlandes befanden"[8], häufig Opfer nationalsozialistischer Zwangsarbeit.[9] Viele von ihnen konnten oder mussten, unterstützt bzw. gezwungen durch die alliierten Streitkräfte, in ihre Herkunftsländer zurückkehren.[10] Für jene DPs, die in der Bundesrepublik verblieben, wurde diese allerdings aufgrund des Ge-

4 Sachße/Tennstedt, Geschichte der Armenfürsorge in Deutschland, Bd. 4, S. 61.

5 Dieter Rosner, in ND 51, 138.

6 Rosner in ND 51, 138.

7 Rosner in ND 51, 138.

8 Sachße/Tennstedt, Geschichte der Armenfürsorge in Deutschland, Bd. 4, S. 65.

9 Angelika Königseder/Juliane Wetzel: Lebensmut im Wartesaal. Die jüdischen DPs (Displaced Persons) im Nachkriegsdeutschland. Frankfurt am Main: Fischer Taschenbuch Verlag 1994, S. 7.

10 Ulrike Goeken-Haidl, Repatriierung in den Terror? Die Rückkehr der sowjetischen Zwangsarbeiter und Kriegsgefangenen in ihre Heimat 1944-1956, in: Dach-

setzes über die Rechtstellung heimatloser Ausländer vom 25.04.1951 (BGBl I, 269) auch die BRD zuständig, was gegebenenfalls auch Fürsorgeleistungen umfasste.[11]

Die Kriegsfolgen brachten es mit sich, dass Anfang 1949 mehr als 3 Millionen Menschen Fürsorgeunterstützung erhielten, da die Kriegsverluste innerhalb der arbeitsfähigen Jahrgänge zu einer Überalterung der Bevölkerung geführt hatten. Zusammen mit den ca. 850.000 Schwerkriegsverwundeten hatte der Staat pro erwerbstätiger Person zwei nicht, noch nicht oder nicht mehr arbeitsfähige Menschen zu unterhalten.[12] Der Bezug von Fürsorgeleistungen war nun keine Randerscheinung mehr, sondern in der Mitte der Gesellschaft angekommen. Die praktische Bedeutung spiegelte sich allerdings nicht in der theoretischen Behandlung des Fürsorgerechts wider: Zwar haftete dem Bezug dieser Leistungen angesichts der vielen durch den Krieg unverschuldet hilfsbedürftig gewordenen Menschen verschiedenster gesellschaftlicher Schichten nicht mehr die Vorstellung an, sie seien mit einem sittlichen bzw. moralischen Makel belegt. Eine zeitgenössische wissenschaftliche Auseinandersetzung mit dem Rechtsgebiet lässt sich jedoch kaum feststellen.

Auch in der Gerichtspraxis traten vermehrt Fälle des Fürsorgerechts auf; wegen der veränderten Wahrnehmung der Hilfsbedürftigkeit kam es zu einem Wandel der Spruchpraxis gegenüber Hilfsbedürftigen: Seit 1949 trugen einige Gerichte[13] den tatsächlichen Umständen Rechnung und räumten den Fürsorgebedürftigen einen klagbaren Rechtsanspruch auf Fürsorgeleistungen ein, ließen Klagen gegen Art und Höhe der Leistungsgewährung zu und unterzogen diesen großen Zweig der Verwaltung richterlicher Kontrolle. Derlei Bestrebungen begegnete jedoch eine starke Gegenauffassung, die sich auf eine bis weit vor das Preußische Allgemeine Landrecht zurückreichende Rechtstradition berufen konnte. In deren Rahmen war das Armenrecht seit jeher als spezielle Materie des Polizeirechts begriffen und dem Betroffenen eine subjektive Rechtsposition nicht zugebilligt

auer Hefte 16 (2000), S. 203 ff.; Wolfgang Jacobmeyer, Vom Zwangsarbeiter zum heimatlosen Ausländer. Die Displaced Persons in Westdeutschland 1945–1951, Vandenhoeck & Ruprecht, Göttingen 1985, 30 ff.

11 Die fürsorgemäßige Betreuung der DP's, NDV 1950, S. 189 – 192; vgl. dazu Sachße/Tennstedt, Geschichte der Armenfürsorge in Deutschland, Bd. 4, S. 68 f.

12 Rosner in ND 51, 138.

13 S. unten C.I.1.b).

worden.[14] In seiner Entscheidung vom 24.06.1954 bezog das Bundesverwaltungsgericht klar Stellung für den klagbaren Rechtsanspruch des Fürsorgeempfängers, wenngleich oder gerade weil der Kläger in der Sache keinen Erfolg hatte.

Eine detaillierte Auseinandersetzung mit dem Urteil des Bundesverwaltungsgerichts vom 24.06.1954 (BVerwGE 1, 159) fand bislang noch nicht statt, die wissenschaftliche Behandlung der Entscheidung erschöpft sich darin, diese als Fundstelle für einen Anspruch auf das Existenzminimum zu zitieren.[15] Wie im weiteren Verlauf der Untersuchung zu zeigen sein wird, ist die Entscheidung allerdings gerade kein Beleg für einen Anspruch auf ein bezifferbares Existenzminimum. Die bekannte gegenläufige Sichtweise basiert auf einer stark verkürzten Zitierung, die den historischen Kontext außer Acht lässt und die Entscheidung rückblickend, d.h. aus heutiger Sicht und mit heutigen Maßstäben wertet.

Ziel dieser Untersuchung soll sein, die Entscheidung zurückzuführen in den damaligen rechtswissenschaftlichen und gesellschaftlichen Kontext und die Interpretation der Entscheidung mithilfe des historischen Kontextes zu ermöglichen. Zugleich sollen Veränderungen im Rechtsdenken, aber auch in vorherrschenden gesellschaftspolitischen und ethischen Vorstellungen, die im gegenständlichen Urteil erkennbar sind, verdeutlicht werden. Ein Blick darauf könnte geeignet sein, nicht nur den soziokulturellen Rahmen zu kennzeichnen, innerhalb dessen das Urteil verortet werden kann, sondern auch Ausmaß wie Grenzen des Wandels innerhalb der Auffassungen zu Recht und Staat zu erhellen, die sich innerhalb von Rechtswissenschaft und Rechtsprechung Anfang der 1950er-Jahre abzuzeichnen begannen.

Methodisch wird dabei weitgehend sehr eng an den historischen Texten (hauptsächlich Gerichtsurteilen und rechtswissenschaftlichen Texten aus dem jeweils relevanten Zeitraum) gearbeitet. Hierbei spielt auch die Akte des Bundesverwaltungsgerichts, heute im Bundesarchiv Koblenz einzusehen, eine wichtige Rolle. Dies umso mehr, als Akten als solche selten als Forschungsgegenstand betrachtet werden, da sie zwar zum Recht gehören,

---

14 Michael Doege, Armut in Preußen und Bayern (1770 – 1840) (= Neue Schriftenreihe des Stadtarchivs München). München: UNI-Druck 1991, S. 163 ff.; Christoph Sachße/Florian Tennstedt. Geschichte der Armenfürsorge in Deutschland, Bd. 1: Vom Spätmittelalter bis zum 1. Weltkrieg, 2., verb. Aufl., Stuttgart et al.: Kohlhammer 1998, S. 267 ff.

15 H. Dreier, in H. Dreier (Hrsg.), Grundgesetz-Kommentar, Bd. 1, 2. Aufl. 2004, Art. 1 I, Rn. 158, FN 529; Depenheuer, in: v. Mangoldt/Klein/Starck, GG I (1999), Art. 14 Rdnr. 73, FN 178.

jedoch nicht auf Dauer angelegt sind und weder auf Rechtssicherung noch auf Geltung abzielen.[16] Dennoch sind sie eine wichtige Quelle, um die Entstehung von Recht und Rechtstexten nachzuvollziehen[17], da sie „Einblicke geben in das, was vor den Monumenten der Schrift steht, vor der Reinschrift, vor den Instituten und Institutionen des Rechts, vor dem Gesetz, dem rechtskräftigen Urteil, der ausgefertigten Urkunde."[18]

Durch dieses Vorgehen soll eine philologisch korrekte Basis der Darstellung sichergestellt werden, die im Wesentlichen darauf zielt, die Genese eines Rechtsanspruchs auf Fürsorge im Rahmen der bundesrepublikanischen Rechtsprechung zu rekonstruieren. Eine solche Rekonstruktion erschöpft sich selbstverständlich nicht in der Auflistung von Tatsachen, die naturgemäß nicht für sich selbst sprechen, sondern stets (bewusst oder unbewusst) in Zusammenhänge gestellt werden, die durchaus unterschiedlich gedacht werden können.[19] „Ob Ludwig XVI. [...] ermordet worden oder ob er hingerichtet oder gar bestraft worden ist, das ist die historische Frage, nicht aber die ‚Tatsache', daß ein Fallbeil von so und soviel Gewicht seinen Kopf vom Rumpf getrennt hat"[20] Oder um es mit Uwe Wesel auszudrücken: „Kleinere Beobachtungen lassen sich auch noch beschreiben. Einzelheiten, Tatsachen [...]", und „disparate Einzelheiten" seien „[n]icht unwichtig für das Verständnis heutigen Rechts. Aber die große Linie? Die eigentlichen Inhalte?" Insofern bleibt in der Tat nur der Verweis auf Isaiah Berlin: „history is what the historian makes".[21]

Diese Erkenntnis gründet in der Beobachtung, dass sämtliche Kenntnisse, die wir über historische Verhältnisse haben können, schon allein durch all das begrenzt sind, was Zeitgenossen und spätere Überlieferung uns an potentiellen Quellen hinterlassen haben. Quelle kann alles sein, was Aus-

---

16 Vismann, Cornelia: Akten. Medientechnik und Recht. Frankfurt am Main: Fischer Taschenbuch Verlag 2000 (= Fischer TB 14927), S. 18 ff.

17 Vismann, Akten, S. 25.

18 Vismann, Akten, S. 24.

19 Paul Ricoeur, Geschichte und Rhetorik, in: Herta Nagl-Docekal (Hg.), Der Sinn des Historischen. Geschichtsphilosophische Debatten. Frankfurt am Main: Fischer Taschenbuch Verlag 1996, S. 122 ff.

20 Reinhart Koselleck, Standortbindung und Zeitlichkeit. Ein Beitrag zur historischen Erschließung der geschichtlichen Welt, in: Reinhart Koselleck, Vergangene Zukunft. Zur Semantik geschichtlicher Zeiten. 3. Aufl. Frankfurt am Main: Suhrkamp 1995 (= stww 757), S. 203.

21 Uwe Wesel, Geschichte des Rechts. Von den Frühformen bis zur Gegenwart. 3., überarb. u. erw. Aufl. München: Beck 2006, 609 f.

kunft über historische Verhältnisse zu geben geeignet ist.[22] Entsprechend kritisch ist damit zu verfahren.[23]

Nun lässt sich einwenden, gerade Rechtstexte und Akten[24] aller Art seien doch gleichsam *per se* Quellen, *intentionale Quellen*[25] und deshalb im Wesentlichen selbstevident. Allerdings, und darauf wird noch sehr konkret zurückzukommen sein, gibt es „keine neutralen Texte". Dies bedeutet einerseits, dass historisches Material nicht mit zeitgenössischem verwechselt, also stets die vielfältigen Differenzen zu einer je aktuellen Betrachtungsweise beachtet werden sollten. Andererseits wird klar, dass jede Art historischer Untersuchung unter den Vorzeichen bestimmter Kontexte und Forschungsinteressen stattfindet. Sie kann von den Wahrnehmungshorizonten und institutionellen Bezugsräumen derer, die sie betreiben, nicht entkoppelt werden. Insofern macht es auch einen Unterschied, ob aus der Perspektive allgemein- oder spezifisch rechtshistorischer Forschung an einen Gegenstand herangegangen wird. Historischer Forschung in rechtswissenschaftlichen Kontexten wird fast zwangsläufig (auch) ein zumindest impliziter Vergleich zwischen historischem und geltendem Recht immanent sein.[26] Diesem Umstand wird im Rahmen der vorliegenden Arbeit in Kapitel F Rechnung getragen.

22 Zur Terminologie vgl. z. B. Erich Bayer (Hg.), Wörterbuch zur Geschichte. Stuttgart: Kröner 1960, S. 403 f.

23 Reinhart Koselleck, Begriffsgeschichte und Sozialgeschichte, in: Reinhart Koselleck, Vergangene Zukunft. Zur Semantik geschichtlicher Zeiten. 3. Aufl. Frankfurt am Main: Suhrkamp 1995 (= stw 757), S. 115.

24 Zu den unauflöslichen Wechselbeziehungen zwischen „Akten" und „Recht" im Allgemeinen: Vismann, Akten.

25 Erich Bayer, Wörterbuch zur Geschichte, S. 403 f.

26 Werner Frotscher/Bodo Pieroth, Verfassungsgeschichte. 3., überarb. u. erw. Aufl. München: Beck 2002, Rz. 5 ff.

## B. Vorgeschichte: Rechtsgrundlagen der Fürsorge und tradierte Rechtsauffassung

### I. Vorüberlegungen

Anders als im Recht derjenigen Versicherungen, die auf Beiträgen basierten und im Gegenzug zu dieser Eigenleistung ein subjektives Recht auf Leistung gewährten, war die traditionelle Rechtsauffassung hinsichtlich der staatlichen Fürsorge davon ausgegangen, dass der Hilfsbedürftige keinen klagbaren Rechtsanspruch auf Fürsorge hatte. Ein solcher Anspruch war, soweit ersichtlich, bis zur Geltung des Grundgesetzes noch nie in der Geschichte der staatlichen Fürsorge anerkannt, da es sich bei der staatlichen Armenpflege ursprünglich um eine polizeirechtliche Materie handelte.[27] In Preußen zur Zeit Friedrichs des Großen setzte sich das System der Zwangsarmenpflege durch die Gemeinden durch. Das Preußische Allgemeine Landrecht von 1794 stellte in § 1 Teil II Titel 19 den Grundsatz auf, „[d]em Staat kommt es zu, für die Ernährung und Verpflegung derjenigen Bürger zu sorgen, die sich ihren Unterhalt nicht selbst schaffen und denselben auch von anderen Personen, welche durch besondere Gesetze dazu verpflichtet sind, nicht erhalten können." Damit war das Prinzip der gesetzlichen öffentlichen Zwangsarmenpflege festgelegt.[28] Der Arme war nicht Subjekt eines Anspruchs, sondern Objekt einer im öffentlichen Interesse auferlegten Verpflichtung des Staates.[29] Denn – so eine nach Neumann „schneidige Begründung aus dem 19. Jahrhundert" –, die Hilfe werde gewährt, „damit nicht Hunger, Not und Verwahrlosung die niederen

27 Günther Heinrich v. Berg, Sammlung Teutscher Policeygesetze nach der Ordnung des deutschen Policeyrechts, 2. Teil, 2. Bd. Hannover: Hahn 1808, S. 900; zum Begriff Policeyrecht vgl. Michael Stolleis, Geschichte des öffentlichen Rechts in Deutschland, Bd. 1: Reichspublizistik und Policeywissenschaft. 2., erg. Aufl. München: Beck 2012, S. 344 ff., 366 ff.

28 Zitiert nach Friedrich Diefenbach, Ein Reichsarmengesetz. Vorschläge zur Reform der deutschen Reichsarmengesetzgebung. Karlsruhe: Braun 1920, S. 100; zur Armenfürsorge im ALR vgl. ausführlich auch Doege. Armut in Preußen und Bayern, S. 176 ff.

29 V. Neumann, Menschenwürde und Existenzminimum, NVwZ 1995, S. 426 ff.

Bevölkerungsklassen zur Störung der öffentlichen Sicherheit und Ordnung treibe und ein staatsgefährliches Proletariat aufkommen lasse".[30]

Das bayerische Armengesetz von 1869 und die sächsische Armenordnung von 1840 sowie das württembergische und hessische Ausführungsgesetz zum Gesetz über den Unterstützungswohnsitz (UWG) verwendeten zwar das Wort „Anspruch", dieses hatte jedoch im Zusammenhang des Gesetzestextes nicht die Bedeutung eines subjektiven öffentlich-rechtlichen Anspruchs im Sinne einer Berechtigung.[31]

Die Pflicht zur Armenpflege wurde als Pflicht der Gemeinschaft gegenüber, nicht jedoch als dem Empfänger der Leistungen geschuldet angesehen. Die „Unterstützung wurde immer mehr oder weniger als ein Gnadenakt behandelt".[32]

Das Gesetz über den Unterstützungswohnsitz (UWG) vom 6. Juni 1870, das am 12. März 1894 und 30. Mai 1908 novelliert wurde, welches zunächst Geltung innerhalb des Norddeutschen Bundes und ab 1871 im Deutschen Reich erlangte, legte als Träger der öffentlichen Zwangsarmenpflege die Orts- und Landesarmenverbände fest, die gleichzeitig auch Träger der Lasten waren. Ortsarmenverbände bestanden aus einer oder mehreren Gemeinden; Landesarmenverbände umfassten in der Regel eine Mehrheit von Ortsarmenverbänden.[33] Durch das UWG wurden Rechte und Pflichten (bspw. zum Lastenausgleich) nur zwischen den zur Unterstützung verpflichteten Verbänden begründet, nicht hingegen gegenüber den Unterstützungsbedürftigen.[34]

Auch die Bestätigung der Verwaltungsgerichtsbarkeit durch Art. 107 der Weimarer Verfassung, bei der sich die Zuständigkeit nach der Verletzung eines subjektiven Rechts durch die öffentliche Gewalt richtete, führte zunächst zu keiner Änderung, da die Frage, ob ein Unterstützungssuchender ein solches Recht für sich in Anspruch nehmen könne, auch nach Inkrafttreten der Reichsfürsorgeverordnung vom 13. 2.1924 (RGBl. I, S. 100) und der Reichsgrundsätze vom 4.12.1924 (RGBl. I, S. 765) von Rechtsprechung und Literatur verneint wurde.[35] Die Beschränkungen der Verwaltungsge-

30 G. P. Entgegnung, in: Blätter für administrative Praxis und Polizeirechtspflege, Bd. XXII (1872), S. 25, zit. nach V. Neumann, Menschenwürde und Existenzminimum, NVwZ 1995, S. 426 ff.

31 Darstellung nach Diefenbach, S. 184.

32 Darstellung nach Diefenbach, Reichsarmengesetz, S. 195.

33 Diefenbach, S. 110 f.

34 Diefenbach, S. 113.

35 So auch zusammenfassend Schallock in ND 51, 164.Vgl. auch Sachße/Tennstedt. Geschichte der Armenfürsorge in Deutschland, Bd. 2, S. 142 ff.

richtsbarkeit nach 1933, insbesondere nach Beginn des Zweiten Weltkrieges, wirkten sich auch auf dem Gebiet der Fürsorge aus – verwaltungsgerichtliche Entscheidungen hierzu ergingen nicht mehr.[36]

## II. Rechtsgrundlagen der Fürsorge zum Entscheidungszeitpunkt

Rechtsquelle des für die Entscheidung maßgeblichen Fürsorgerechts[37] waren die Reichsgrundsätze über Voraussetzung, Art und Maß der öffentlichen Fürsorge vom 01. August 1931 (Reichsgesetzblatt I, 441) in der Fassung vom 20. August 1953 (BGBl. I, 967).[38]

Diese beruhten ursprünglich auf § 6 der Reichsverordnung über die Fürsorgepflicht vom 13.02.1924. Grundlage der Reichsverordnung war das Ermächtigungsgesetz vom 08.12.1923 (Reichsgesetzblatt I, 1179). Aufgrund dieses Gesetzes ist die dritte Steuernotverordnung vom 14.02.1924 (Reichsgesetzblatt I, 24) ergangen. Durch diese wurden verschiedene Fürsorgezweige zusammengefasst und der Verwaltung der einzelnen Länder unterstellt. Durch die Übernahme der Aufgaben der Fürsorge gingen die Lasten auf die Fürsorgeverbände über, die nach Maßgabe der Verordnung über die Fürsorgepflicht vom 13.02.1924 zu bilden waren.

Die Reichsgrundsätze fassten verschiedene Zweige der Fürsorge zusammen und reformierten das Unterstützungswohnsitzgesetz. Die Fürsorgeverordnung erfuhr einige Änderungen, gemäß der Zweiten Verordnung zur Durchführung des Münzgesetzes vom 12.12.1924 (Reichsgesetzblatt I, 775) war nunmehr anstelle von „Goldmark“ die Währung „Reichsmark“ zu verwenden; die Verordnung zur Vereinfachung des Fürsorgerechts vom 07.10.1939 (Reichsgesetzblatt I, 2002) hatte die Auflösung des Bundesamts für das Heimatwesen zur Folge, und Fürsorgestreitverfahren waren nicht mehr im verwaltungsgerichtlichen Verfahren, sondern im Verwaltungsverfahren zu entscheiden. Bei Streitigkeiten der Fürsorgeverbände unterein-

---

36 Hermann Gottschick, Öffentliche Fürsorge und Verwaltungsgerichtsbarkeit, DÖV 1963, S. 435.

37 Paul August Baath, Kommentar zur Fürsorgepflichtverordnung, 13. Auflage, Berlin: Vahlen, S. 1 ff.

38 Hans Muthesius, Die Wohlfahrtspflege auf Grund der Fürsorgepflichtverordnung und der Reichsgrundsätze. Systematische Einführung. 2. Aufl. Berlin/ Heidelberg: Springer 1928, S. 17 ff.; Matthias Willing, Das Bewahrungsgesetz (1918 – 1967). Eine rechtshistorische Studie zur Geschichte der deutschen Fürsorge (= Beiträge zur Rechtsgeschichte des 20. Jahrhunderts 42). Tübingen: Mohr Siebeck 2003, S. 41.

ander war damit in letzter Instanz der Reichsminister des Inneren im Einvernehmen mit dem Reichsarbeitsminister zuständig. Nach der Fürsorgeverordnung waren Träger der Fürsorgepflicht die Bezirksfürsorge- und Landesfürsorgeverbände. Ihnen oblagen nunmehr die Fürsorge für Kriegsbeschädigte und Kriegshinterbliebene und die diesen aufgrund der Versorgungsgesetze Gleichstehenden; die Fürsorge für Rentenempfänger der Invaliden- und Angestelltenversicherung, soweit sie nicht den Versicherungsträgern oblag; die Fürsorge für die Kleinrentner und die ihnen Gleichgestellten; die Fürsorge für Schwerbeschädigte und Schwererwerbsbeschränkte durch Arbeitsbeschaffung; die Fürsorge für hilfsbedürftige Minderjährige; die Wochenfürsorge und die Armenfürsorge.

Voraussetzung für ein Tätigwerden der Fürsorgeverbände war das Vorliegen von Hilfsbedürftigkeit. Gemäß § 6 der Verordnung konnte mit Zustimmung des Reichsrats die Reichsregierung Grundsätze hierüber aufstellen. Hiervon machte die Reichsregierung am 24.03.1924 durch die Grundsätze über Voraussetzung, Art und Maß öffentlicher Fürsorgeleistungen (Reichsgesetzblatt I, 379) Gebrauch. Diese galten bis zum Inkrafttreten der Reichsgrundsätze über Voraussetzung, Art und Maß der öffentlichen Fürsorge vom 04.12.1924 (Reichsgesetzblatt I, 765).

Die Aufgabenverteilung der Fürsorgeverbände untereinander war dergestalt geregelt, dass zunächst vorläufig der Bezirksfürsorgeverband zur Unterstützung verpflichtet war, in dessen Bezirk sich der zu Unterstützende bei Eintritt der Hilfsbedürftigkeit aufhielt; die endgültige Fürsorgepflicht oblag dem Bezirksfürsorgeverband, in dessen Bezirk der Hilfsbedürftige bei Eintritt der Hilfsbedürftigkeit seinen gewöhnlichen Aufenthalt hatte. Die Beseitigung des Unterstützungswohnsitzes trug wesentlich zur Vereinfachung der Feststellung der Unterstützungspflicht bei.[39] Durch das Gesetz über die Änderung und Ergänzung fürsorgerechtlicher Bestimmungen vom 20. August 1953 (BGBl 1953 I, 51) wurden die Verordnung über die Fürsorgepflicht und die Reichsgrundsätze über Voraussetzung, Art und Maß der öffentlichen Fürsorge modifiziert, aber im Wesentlichen beibehalten.

39 Peter Hammerschmidt/Florian Tennstedt, Der Weg zur Sozialarbeit: Von der Armenpflege bis zur Konstituierung des Wohlfahrtstaates in der Weimarer Republik, in: Werner Thole (Hg.): Grundriss Soziale Arbeit. Ein einführendes Handbuch. 2., überarb. u. aktualisierte Aufl. Wiesbaden: VS 2005, S. 72.

## III. Rechtsprechung

In der Rechtsprechung, insbesondere der des Bundesamts für Heimatwesen als ehemals höchstem Verwaltungsgericht in Fürsorgesachen, aber auch des preußischen Gerichtshofs zur Entscheidung der Kompetenzkonflikte, war absolut herrschende Meinung und ständige Rechtsprechung, dass der Hilfsbedürftige keinen Anspruch auf Fürsorge im Klageweg geltend machen konnte. So führt das Bundesamt für Heimatwesen in einer oft zitierten Entscheidung vom 22. Juni 1901 aus: „Einen obligatorischen Anspruch auf Unterstützung hat der Arme nicht. Der Arme ist nicht Subjekt, Träger des Anspruchs auf Unterstützung. Subjekt, Träger dieses Anspruches ist die Allgemeinheit, der Staat. Der Arme ist nur der Gegenstand der den Armenverbänden im öffentlichen Interesse auferlegten Unterstützungspflicht.“[40] Aus Verweisen anderer Entscheidungen lässt sich rekonstruieren, dass auch das sächsische OVG zu dieser Fragestellung mehrere Entscheidungen gleichen Tenors gefällt haben muss, unter anderem mit Urteil vom 13.03.1929. Diese sind jedoch nicht mehr verfügbar; nach A. Wettmann vom Hauptstaatsarchiv Dresden sind Entscheidungen aus dieser Zeit vermutlich während der Luftangriffe alliierter Truppen auf Dresden 1945 im Gerichtsgebäude vernichtet worden[41].

## IV. Literatur

### 1. Vor 1945

Auch in der Literatur vor 1945 war es (überwiegend) herrschende Auffassung, dass ein Rechtsanspruch auf Fürsorge nicht besteht. Vertreten wurde dies in den Lehrbüchern von Hatschek, Laforet, Köttgen und Jellinek; Otto Mayer nimmt hier eine differenziertere Position ein; überdies in der Kommentierung der Reichsfürsorgeverordnung von Baath/Kneipp sowie in diversen Artikeln, insbesondere in der Zeitschrift für das Armenwesen

40 Zitiert nach Michael Stolleis, Geschichte des Sozialrechts in Deutschland, Stuttgart: Lucius & Lucius 2003, S. 216 ff. mit weiteren Ausführungen und Nachweisen.

41 Andrea Wettmann, Das Sächsische Oberverwaltungsgericht im Spiegel der archivalischen Quellen des Sächsischen Hauptstaatsarchivs Dresden, in: Siegfried Reich (Hg.): Festschrift zum 100-jährigen Jubiläum des Sächsischen Oberverwaltungsgerichts, München: Beck 2002, S. 107 ff.

und den Schriften des Deutschen Vereins für öffentliche und private Fürsorge.

Otto Mayer führte im Systematischen Handbuch der Deutschen Rechtswissenschaft, Deutsches Verwaltungsrecht,[42] aus, das Pflichtenverhältnis bestehe ausschließlich zwischen der Gemeinde, in der der Hilfsbedürftige seinen Unterstützungswohnsitz habe, und dem Staat, der ihr die Unterstützungspflicht auferlegt habe. Der Hilfsbedürftige selbst habe einen Rechtsanspruch nicht. Bezeichnend für die geringe wissenschaftliche Bedeutung der Materie ist die Knappheit der Darstellung, ein weiterführender Hinweis wird bezeichnenderweise in der Fußnote verortet: „Es ist ungenügend zu sagen: der Arme erlange durch das UWG nur ‚kein Klagerecht gegen einen Armenverband', oder er habe ‚kein klagbares Recht auf Unterstützung'. Es ist notwendig zu sagen, dass er überhaupt kein Recht hat, und zwar deshalb, weil das Gesetz das nicht will, unsere Armenunterstützungsgesetze vielmehr nach wie vor dabei beharren, diese Unterstützung als ein Almosen anzusehen."[43] Ob der explizite Verweis auf den Gesetzgeber als Ausdruck des Bedauerns zu verstehen ist, mag dahinstehen, jedenfalls wird eine Änderung des Status quo nicht ausdrücklich gefordert oder gar mit Argumenten untermauert.

Hatschek führte in seinem Lehrbuch des deutschen und preußischen Verwaltungsrechts[44] in dem Abschnitt „Die öffentliche Rechte- und Pflichtenverschiebung"[45] Unterabschnitt „Das Recht des Unterstützungswohnsitzes" aus, dass „der einzelne Hilfsbedürftige zwar kein subjektives Recht auf Fürsorge [habe]; denn die öffentliche Pflichtenverschiebung tritt nur im Verhältnis der Armenverbände zueinander ein. Er [könne] aber die Armenpflege des Ortsarmenverbandes anrufen, oder die Polizeibehörde kann

42 Otto Mayer, Deutsches Verwaltungsrecht, 2. Band (= Systematisches Handbuch der Deutschen Rechtswissenschaft, begr. von Karl Bindung und Friedrich Oetker, 6/1), 3. Aufl., München/Leipzig: Duncker & Humblot 1924, S. 386.

43 Mayer, Deutsches Verwaltungsrecht, S. 386.

44 Julius Hatschek, Lehrbuch des deutschen und preußischen Verwaltungsrechts, dritte und vierte verbesserte Auflage, 1924, Leipzig, Erlangen; A. Deichertsche Verlagsbuchhandlung Dr. Werner Scholl; S. 287.
Wortgleich auch die siebente und achte veränderte Auflage: Lehrbuch des deutschen und preußischen Verwaltungsrechts, Julius Hatschek, herausgegeben von Paul Kurtzig, Oberregierungsrat in Berlin, Leipzig, 1931, S. 312.

45 „Die öffentliche Rechte- und Pflichtenverschiebung ist jene staatliche Verwaltungstätigkeit, welche auf Grund gesetzlicher Ermächtigung die nach der geltenden Rechtsordnung bestehenden subjektiven Rechte und Pflichten gewöhnlich unter Zuhilfenahme der Vorteilsausgleichung von einem Rechtssubjekt auf ein anderes verschiebt."

ihn dem Ortsarmenverband überweisen." Auch könne ein Ortsarmenverband, der seine vorläufige Fürsorgepflicht verletze, zu ihrer Erfüllung durch die Ortspolizei oder durch die Gemeindeaufsichtsbehörde angehalten werden.

Zu der wiederholt aufgeworfenen Frage nach einer rückwirkenden Leistungsgewährung erklärte Hatschek mit Verweis auf eine Entscheidung des Bundesamts für Heimatwesen, dass „die Unterstützung für die Zukunft wirken [müsse]. Nachträgliche Zahlungen für die Vergangenheit sind kein Akt der Unterstützung (BAH 21, S. 26; 24, S. 32; 38, S. 70). Zu derartigen Zahlungen sind die Fürsorgeverbände nicht verpflichtet."[46]

In seinem Werk „Deutsches Verwaltungsrecht" vertrat Wilhelm Laforet im Abschnitt „Die Gemeinschaft und ihre Gestaltung", Unterabschnitt „Pflichten und Rechte aus der Gemeinschaft"[47] (!) die Auffassung, dass die Verwaltungsbehörden zwar an die Gesetze gebunden seien, doch habe das Gesetz auf wichtigen Lebensgebieten davon Abstand genommen, dem Einzelnen einen Rechtsanspruch gegen eine Rechtspersönlichkeit des öffentlichen Rechts zu geben. Vielmehr seien diesen Rechtspersönlichkeiten im Staat Pflichten auferlegt und diese genauer geregelt. Es gebe unbestritten Rechtsregeln, die öffentlich-rechtliche Pflichten auferlegten, ohne dass gleichzeitig aus diesem Rechtsverhältnis irgendeinem Dritten ein Anspruch auf Tun oder Unterlassen der verpflichteten Rechtspersönlichkeit zukomme. Dies gelte namentlich auch für Gemeinden und Gemeindeverbände:

„Die staatlichen Aufsichtsbehörden wachen darüber, ob die öffentlichen Verbände ihre Pflichten erfüllen. Die Pflichterfüllung gewährt den einzelnen Volksgenossen entscheidende Vorteile. Die Volksgenossen können den öffentlichen Verbänden gegenüber die Erfüllung der gesetzlichen Pflichten geltend machen. Sie können sich auch an die Aufsichtsbehörden wenden und bei diesen anregen, den von ihnen beaufsichtigten Verband zur Erfüllung der Pflicht anzuhalten. Aber der einzelne Volksgenosse hat hier keinen Rechtsanspruch darauf, dass der öffentliche Verband ihm gegenüber die gesetzliche Pflicht erfüllt. Er hat auch keinen Rechtsanspruch darauf, dass die Aufsichtsbehörde überhaupt und in bestimmtem Sinne tätig wird. Aber der Volksgenosse hat den Vorteil aus der Auswirkung des Gesetzes."

46 Hatschek, Lehrbuch, S. 317.

47 Wilhelm Laforet, Deutsches Verwaltungsrecht, München: Duncker & Humblot, 1937.

Als Beispiel führte Laforet an, dass die Gemeinden und Bezirke in ihrer Eigenschaft als Fürsorgeverbände verpflichtet seien, die Hilfsbedürftigen dann und in dem Maß zu unterstützen, wie es die §§ 7 ff. RFV und die aufgrund des § 6 RFV erlassenen Reichsgrundsätze als Rechtsverordnung vorschrieben: „Der einzelne Hilfsbedürftige hat keinen Rechtsanspruch auf Fürsorge. Das Gesetz wirkt sich nur zu seinem Vorteil aus."

Der Hilfsbedürftige könne jedoch gegen die Ablehnung der Fürsorge sowie gegen die Festsetzung ihrer Art und Höhe durch den Fürsorgeverband die Aufsichtsbehörde anrufen, das Gesetz habe ihm ein förmliches Recht der Anrufung gegeben.

> „Die Aufsichtsbehörde befindet jedoch nur über eine Pflicht des Fürsorgeverbands, nicht über einen Rechtsanspruch des Fürsorgebedürftigen."[48]

Schon aus diesen Zitaten wird erkennbar, dass inzwischen eine grundsätzlich gewandelte Auffassung von Staat und staatlicher Rechtspersönlichkeit Platz gegriffen hatte. Betont wurden autoritäre Strukturen, einer Kategorie wie „Volksgemeinschaft" wurde zentrale Bedeutung beigemessen und aus Staatsbürgern waren „Volksgenossen" geworden.[49] Die Forcierung polizeistaatlicher Strukturen korrespondierte mit dem Erstarken der autoritären Ausrichtung.[50] Dementsprechend wandelten sich die Darstellungen des Verwaltungsrechts, die nun im Sinne der rückblickend als „nationalsozialistischen Ideologie" wahrgenommenen Strömungen erfolgten. Laforets Darstellung ist in diesem Zusammenhang sogar besonders erwähnenswert.[51]

Die Nähe zum Polizeirecht wurde auch in der Verortung der Ausführungen Laforets zum Fürsorgerecht im Abschnitt „Die Willensträger der Gemeinschaft", Unterabschnitt „Die Staatsverwaltungsmacht", Kapitel „Die Verwaltungsbehörden", Gliederungspunkt „Die Polizei im besonde-

48 Laforet, Deutsches Verwaltungsrecht, S. 58 ff.

49 Zu den rechtlichen Charakteristika im sog. „NS-Staat": Herlinde Pauer-Studer, Einleitung: Rechtfertigungen des Unrechts. Das Rechtsdenken im Nationalsozialismus, in: Herlinde Pauer-Studer/Julian Fink (Hg.), Rechtfertigungen des Unrechts. Das Rechtsdenken im Nationalsozialismus in Originaltexten. Berlin: Suhrkamp 2014, S. insbes. S. 39 ff.; Michael Stolleis: Recht im Unrecht. Studien zur Rechtsgeschichte des Nationalsozialismus. 2. Aufl. Frankfurt am Main: Suhrkamp 2006, insbes. S. 94 ff.

50 Andreas Schwegel, Der Polizeibegriff im NS-Staat. Polizeirecht, juristische Publizistik und Judikative 1931 – 1944. Tübingen: Mohr Siebeck 2005, S. 3.

51 Wilhelm Merk, Deutsches Verwaltungsrecht. Berlin: Duncker & Humblot 1962, S. 370.

ren" deutlich: „[A]llerdings können Polizei und Wohlfahrtspflege ineinander übergehen. Auch die Wohlfahrtspflege kann im weiteren Sinne mittelbar Gefahren abwehren, aber ihr Zweck ist nicht die Gefahrenabwehr. Die Fürsorge nach der RFV wird gewährt, weil der Staat die allgemeine Menschenpflicht und die Pflicht aus der Gemeinschaft rechtlich ausgestaltet hat. Sie wendet auch nur die Gefahren ab, die mittelbar aus dem Mangel an bereiten Mitteln entstehen können."[52]

Köttgen[53] stellte in seinem Lehrbuch, ebenfalls Mitte der 1930er-Jahre erschienen, unter § 20, Fürsorgeverwaltung, vor allem auf den Unterschied zwischen Leistungen der Sozialversicherung und Leistungen der öffentlichen Fürsorge ab. Die Empfänger von Sozialversicherungsleistungen hätten zuvor durch Zahlung bestimmter Beiträge einen Rechtsanspruch auf die Leistungen des Versicherungsträgers erworben. Der Rentenberechtigte sei daher durchaus nicht hilfsbedürftig im engeren Sinne der Fürsorgepflichtverordnung. Zwar liege „im weiteren Sinne Hilfsbedürftigkeit vor, indem eben der einzelne für gewisse Lebenslagen (Krankheit, Unfall, Alter, Tod, Erwerbsunfähigkeit und Arbeitslosigkeit) auf öffentliche Fürsorge angewiesen [sei], zu deren Kosten der spätere Rentenempfänger allerdings vorerst einmal beigetragen hat und auf deren Leistungen er daher auch – anders als der zu unterstützende Arme – einen Rechtsanspruch hat."[54]

Walter Jellinek führte in seinem Lehrbuch zum Verwaltungsrecht[55] aus, dass der Fürsorgebedürftige zwar als Pflichtsubjekt, nicht aber als Rechtssubjekt an der öffentlichen Fürsorge beteiligt sei. Ihm werde gerade in Unterscheidung zum Sozialversicherten kein subjektives Recht auf Fürsorge zugebilligt, da der Hilfsbedürftige keine Gegenleistung erbracht habe, die ihn nun zum Erhalt von Fürsorge berechtige. Es bestehe zwar eine bindende Pflicht der Fürsorgeverbände zugunsten des Hilfsbedürftigen, dies verleihe jedoch kein subjektives Recht auf Unterstützung, „schon damit der Empfang der Unterstützung für ihn jeden Reizes entbehrt."[56] Mit der Bezeichnung „Fürsorgeberechtigter" in § 3 IV der Reichsverordnung über die Fürsorgepflicht vom 13.02.1924 sei „ein echtes Recht kaum gemeint"; auch die Beschwerdemöglichkeit in § 3 III der Reichsverordnung ändere hieran

52 Laforet, Deutsches Verwaltungsrecht, S. 58 ff.

53 Arnold Köttgen, Deutsche Verwaltung. Neue Rechtsbücher für das Studium der Rechts- und Wirtschaftwissenschaften Mannheim Berlin/Leipzig: Deutsches Druck- und Verlagshaus GmbH, 1936.

54 Köttgen, Deutsche Verwaltung S. 160 f.

55 Walter Jellinek, Verwaltungsrecht, 3. Auflage, Berlin: Springer 1931, S. 535 ff.

56 Jellinek, Verwaltungsrecht, 3. Aufl., S. 202.

nichts.[57] Selbst dort, „wo verwaltungsgerichtliche Klagen aus einem öffentlich-rechtlichen Rechtsverhältnisse grundsätzlich unbegrenzt zugelassen" seien, würde gleichwohl „die Klage des Bedürftigen auf Gewährung von Unterstützung abgewiesen werden."[58] Ein „Vermutungsgrund gegen das Vorhandensein eines subjektiven Rechts" sei, dass die Unterstützung auch ohne Antrag gem. § 2 der Reichsgrundsätze über Voraussetzung, Art und Maß der öffentlichen Fürsorge vom 04.12.1924 gegebenenfalls auch gegen den Willen des Bedürftigen gewährt werde.

Die Verortung Walter Jellineks zeigt zum einen die in der Literatur häufig geäußerte Angst, der Fürsorgeberechtigte werde sich, einmal an den Bezug der Leistungen gewöhnt, nicht mehr um ein eigenes Einkommen bemühen, so dass die Kosten für den Staat stetig anzuwachsen drohen. Zum anderen ist der Gedanke der Gegenseitigkeit der Leistungen, auf die ein Rechtsanspruch besteht, durch den Vergleich mit anderen Versicherungen in der Debatte um den Anspruch des Hilfsbedürftigen ständig präsent. Die Gewährung von Unterstützung ohne vorherige Beitragsleistungen des Unterstützten wurde nicht als Recht des Einzelnen, sondern vielmehr als notwendige Pflicht des Staates betrachtet, die noch stark von polizeirechtlichen Erwägungen gekennzeichnet war.

Die insgesamt äußerst knapp ausfallende Auseinandersetzung der zitierten Lehrbücher mit dem Rechtsgebiet Fürsorge verdeutlicht die geringe Bedeutung, die ihm im wissenschaftlichen Diskurs nach wie vor beigemessen wurde, obgleich große Teile der Bevölkerung unmittelbar hiervon betroffen waren und sich auch die gerichtliche Praxis vermehrt mit Fragestellungen aus der Rechtsmaterie befasste. Die Autoren vertreten ohne besonderen Begründungsaufwand die seit dem Preußischen Allgemeinen Landrecht vorherrschende Auffassung. Zwar veränderte sich der Blick auf Staat, staatliche Verwaltung und Polizei unter den Bedingungen nationalsozialistischer Herrschaft, doch was das Fürsorgewesen anging, blieb eine entscheidende Kontinuität erkennbar, und zwar das Fehlen einer subjektiven Rechtsstellung des Hilfsbedürftigen.

In der Kommentierung zur Verordnung über die Fürsorgepflicht vom 13.02.1924 einschließlich der für Voraussetzung, Art und Maß der öffentlichen Fürsorge geltenden Reichsgrundsätze und der Nebengesetze sowie

57 Jellinek, Verwaltungsrecht, 3. Aufl., S. 537.
58 Jellinek, Verwaltungsrecht, 3. Aufl., S. 537.

der einschlägigen landesrechtlichen Vorschriften von P.A. Baath[59] wurde in den Anmerkungen zu § 1 der Verordnung über die Fürsorgepflicht auf den Unterschied zwischen der Sozialversicherung und der Armenfürsorge hingewiesen: Während Maßnahmen gegen Hilfsbedürftigkeit anfangs Sache der Gemeinschaften und kirchlicher sowie privater Einrichtung gewesen wären, seien diese in Deutschland Aufgabe öffentlich-rechtlicher Verbände, zuletzt der Orts- und Armenverbände aufgrund des Unterstützungswohnsitzgesetzes vom 06.06.1870, das in der Fassung vom 30.05.1908 seit dem 01.01.1916 in ganz Deutschland galt. „Die soziale Versicherungsgesetzgebung schlug insoweit eine Bresche, als sie die Fürsorge für bestimmte Personen und Personenklassen gegen zuvorige Gegenleistungen Versicherungsträgern übertrug, gegen die subjektive öffentlich-rechtliche Ansprüche gegeben waren, die den Armen nach der herrschenden Ansicht gegen die Armenverbände nicht zustanden." Es erfolgte eine klare Trennung, auch in der moralischen Bewertung der Ansprüche, zwischen Leistungen aus Versicherungen, denen vorherige Beitragszahlungen gegenüberstanden, und solchen Leistungen, die aufgrund der Fürsorgepflicht der Armenverbände geleistet wurden.

In der Kommentierung wurde deutlich differenziert zwischen denjenigen Leistungsempfängern, die „durch den Krieg unverschuldet in Not" geraten seien und solchen, denen eigenes Verschulden an ihrer Hilfsbedürftigkeit unterstellt wurde. Allein aus Gründen der Verwaltungsvereinfachung seien die verschiedenen Zweige der Wohlfahrtspflege zusammengefasst worden. Eine moralische Bewertung der Hilfsbedürftigkeit ist hingegen in der Kommentierung deutlich auszumachen: „Der [Erste, Anm. d. Verf.] Weltkrieg und seine Begleiterscheinungen schufen weitere Klassen von Hilfsbedürftigen, die man aus vaterländischen, politischen und sozialen Gründen nicht der Armenpflege überlassen wollte, der immer noch ein peinlicher Beigeschmack anhaftet und deren Voraussetzung ebenso eng begrenzt war wie das Maß ihrer Leistungen. Aufgrund der großen Zersplitterung der für verschiedene Fürsorgezweige zuständigen Stellen und des damit einhergehenden kostspieligen Verwaltungsapparats - beides stand mit der Not der Zeit nicht in Einklang - sind aufgrund des Ermächti-

59 Peter August Baath, Verordnung über die Fürsorgepflicht vom 13.02.1924 einschließlich der für Voraussetzung, Art und Maß der öffentlichen Fürsorge geltenden Reichsgrundsätze und der Nebengesetze sowie der einschlägigen landesrechtlichen Vorschriften, erläutert von P. A. Baath, geheimer Regierungsrat, Mitglied des Bundesamtes für das Heimatwesen, Beisitzer aus der sozialen Fürsorge im Reichsversorgungsgericht. 4., vermehrte Auflage, Berlin: Vahlen 1926.

gungsgesetzes verschiedene Zweige der Wohlfahrt wieder vereinigt worden. Dass dabei der unverschuldeten Kriegsnot eine besondere Stellung eingeräumt bleiben soll, geht schon aus der Fassung des § 1 hervor, in der die Armenpflege in einem besonderen Absatz getrennt von den sonstigen Wohlfahrtszweigen aufgeführt wird. Es wird ihr damit zum Leidwesen eines großen Teils ihrer Vertreter nach wie vor ein gewisses Odium bleiben. Vor allem behält sie ihren subsidiären Charakter; sie tritt erst ein, wenn alle anderen Hilfsquellen versagen."[60][61]

Auch in der Einleitung der Kommentierung griff man diese Differenzierung auf. Die bisherige Bezeichnung Ortsarmen- und Landarmenverbände habe nicht mehr beibehalten werden können, weil die öffentlich-rechtlichen Fürsorgeaufgaben, „die insbesondere die Kriegswohlfahrtspflege betreffen, aus politischen und sozialen Gründen nicht in allen Punkten der Armenpflege gleichgestellt werden konnten." [62]

Ein Anspruch des Fürsorgebedürftigen wurde im Kommentar von Baath klar abgelehnt, in der vierten Auflage (1926) noch mit dem Zusatz „im Allgemeinen": „Die den Fürsorgeverbänden überwiesenen Zweige der Wohlfahrtspflege und des Armenrechts gaben den Hilfsbedürftigen im Allgemeinen keine subjektiven öffentlich-rechtlichen, im Verwaltungsstreitverfahren verfolgbaren Ansprüche, sondern zumeist nur ein Beschwerderecht im Aufsichtsverfahren."[63] Der Wortlaut der 13. Auflage (1942) hingegen ist deutlicher gefasst: „Die den Fürsorgeverbänden überwiesenen Zweige der Wohlfahrtspflege und des Armenrechts geben den Hilfsbedürftigen keine subjektiven öffentlich-rechtlichen, im Verwaltungsstreitverfahren verfolgbaren Ansprüche, sondern zumeist nur ein Beschwerderecht im Aufsichtsverfahren."[64]

Auch die Kommentierung der Reichsgrundsätze über Voraussetzung, Art und Maß der öffentlichen Fürsorge, § 5, verdeutlicht die damals herrschende Ansicht: „[E]rst durch die Verarmung und die dadurch verursach-

60 Baath, Verordnung über die Fürsorgepflicht, 4. Auflage S. 39 f.

61 Wortgleich auch die 13. Auflage: P.A. Baath/G.W. Kneip/K. Langlotz (Hg.), Fürsorgepflicht. Nach der Verordnung vom 13.02.1924 einschließlich der für Voraussetzung, Art und Maß der öffentlichen Fürsorge geltenden Reichsgrundsätze und der Nebengesetze, der Verfahrensvorschriften sowie der einschlägigen landesrechtlichen Vorschriften, 13. Auflage, Berlin: Vahlen 1942, S. 31.

62 Baath, Verordnung über die Fürsorgepflicht, 4. Auflage, S. 15.

63 Baath, Verordnung über die Fürsorgepflicht, 4. Auflage, S. 40.

64 Baath/Kneip/Langlotz, Fürsorgepflicht, 13. Aufl., S. 32.

te Hilfsbedürftigkeit entstehen Rechte und Pflichten der Fürsorgeverbände gegeneinander (BFH 61,63)."[65]

In der Vorbemerkung zu den Reichsgrundsätzen über Voraussetzung Art und Maß der öffentlichen Fürsorge vom 04.12.1924 wurde Bezug genommen auf die insbesondere von Friedrich Diefenbach geforderte Vereinheitlichung und Schaffung eines materiellen Fürsorgerechts (vgl. dazu gleich unten sowie Kap. C. III.) „Es ist damit die Möglichkeit gegeben, ein materielles Reichsfürsorge- oder Armenrecht zu schaffen, die seit langem von den Vertretern der freien Wohlfahrtspflege gewünscht wird. (Vergleiche insbesondere Diefenbach, Ein Reichsarmengesetz, Karlsruhe 1920.)"[66]

In der Kommentierung der Reichsgrundsätze § 1 nahm Baath im Übrigen auch zur Frage nach rückwirkender Leistungsgewährung Stellung: „Auch Nachtragszahlungen für einen Zeitraum, in dem der Hilfsbedürftige tatsächlich ohne öffentliche Fürsorge ausgekommen ist, kommen nicht in Betracht."[67] Ebenso wird in der Kommentierung zu § 6 klargestellt: „In keinem Falle sind die Bezahlung von Schulden, rückständigen Pflegegeldern, Mietzins, gestundeten Krankenhauskosten, Nachtragszahlungen für eine Zeit, in welcher der Antragsteller tatsächlich ohne öffentliche Fürsorge ausgekommen ist, Sache der Fürsorge."[68]

Auch das der Fürsorgebehörde eingeräumte Ermessen bei der Anwendung der Richtsätze wurde in der Kommentierung zu § 6 (Umfang der Fürsorge) erläutert: „Richtsätze sind Unterstützungsleistungen, die in der Regel zu gewähren sind, sofern nicht die Eigenart des einzelnen Falles ein Abweichen nach oben oder unten rechtfertigen. Die Richtsätze sollen den Aufsichtsbehörden und den Beschwerdestellen die Nachprüfung erleichtern, ob Fürsorge in erforderlicher Höhe gewährt wird. Sie sollen den Hilfsbedürftigen Sicherheit gegen willkürliche Festsetzung der Fürsorgeleistungen gewähren; denn ein Abweichen von den Richtsätzen zu Ungunsten des Hilfsbedürftigen muss bei Vorliegen von Beschwerden begründet werden. Zum Unterschied von bloßen Richtlinien oder Grundsätzen handelt es sich um feste Sätze, die nur im Einzelfall ein Abweichen zulassen (BFH 79,218; 82,147).[69]

Die sich aus dem Fürsorgerecht ergebenden Fragestellungen wurden intensiver als in den genannten Lehrbüchern noch in Zeitschriften, insbe-

65 Baath/Kneip/Langlotz, Fürsorgepflicht, 13. Aufl., S. 385.
66 Baath, Verordnung über die Fürsorgepflicht, 4. Aufl., S. 49.
67 Baath, Verordnung über die Fürsorgepflicht, 4. Aufl., S. 54.
68 Baath/Kneip/Langlotz, Fürsorgepflicht, 13. Aufl., S. 413.
69 Baath/Kneip/Langlotz, Fürsorgepflicht, 13. Aufl., S. 44.

sondere der Zeitschrift für das Armenwesen und den Schriften des Deutschen Vereins für öffentliche und private Fürsorge, thematisiert, wobei das Meinungsbild jedenfalls vor 1945 weitgehend homogen blieb.

Allem voran stand die Befürchtung, die Gewährung von Rechtsschutz werde zu einer Ausweitung der begehrten Leistungen führen: Wevers[70] führte aus, die Öffnung des Klageweges werde „die Begehrlichkeit des Bedürftigen noch steigern", „auch widerstrebe es dem innersten Gefühl, ein Streitverfahren zwischen dem Armenverband und einem Hilfsbedürftigen zuzulassen; der Respekt des Armen vor dem Armenverband leide darunter."[71] Auch wird gegen eine mögliche Analogie zum Reichsversicherungsgesetz angeführt, dass den durch Versicherungen gewährten Leistungen eine Vorleistung des Versicherten als Beitragszahler vorausgehe.[72]

Thode[73] äußerte daneben auch die Ansicht, ein Anspruch sei durch ein Reichsarmengesetz deswegen nicht einzuräumen, da ein solcher nicht fest umgrenzbar sei.

Die Entscheidung des Fürsorgeverbandes, in welchem Umfang und welcher konkreten Ausgestaltung Unterstützungsleistungen zu gewähren seien, sei vom Gesetzgeber als Ermessensentscheidung ausgestaltet (vgl. auch die Ausführungen zur Kommentierung der Reichsgrundsätze, s.o. Abschnitt b)), da Richtsätze vorgesehen wären, die der Fürsorgeverband allerdings im Einzelfall über- oder unterschreiten könne. Dieser Hinweis wurde oftmals bemüht, um gegen das Vorliegen eines Rechtsanspruches auf Fürsorgeleistungen zu argumentieren,[74] auch in verschiedenen Entscheidungen. So wurde zum Beispiel im Urteil des LVG Rheinland-Pfalz vom 26.11.1953 die Frage nach der gerichtlichen Überprüfbarkeit von Ermessensentscheidungen – auch bei Veränderung der Sachlage während des Prozesses – durch die Fürsorgebehörde thematisiert. Dass diese Möglichkeit jedoch nur scheinbar gegen einen Rechtsanspruch auf Fürsorge spricht, zeigt die simple Feststellung des vorgenannten Urteiles, es „besteht demnach für den Hilfsbedürftigen gegenüber der Fürsorgebehörde ledig-

---

70 Alfred Wevers, Der Anspruch auf Armenunterstützung, Zeitschrift für das Armenwesen 1907, S. 65 ff.

71 Wevers, Anspruch, S. 65; vgl. auch Diefenbach, Reichsarmengesetz, S. 185.

72 Wevers, Anspruch, S. 65 ff.

73 Zitiert hier nach Diefenbach, Reichsarmengesetz, S. 191.

74 so auch Buehl/Fleming, Schriften des Deutschen Vereins, Heft 73, S. 97 ff., zitiert nach Diefenbach, S. 194; Helfritz, Verwaltungsrecht, S. 35; Nebinger, Verwaltungsrecht, S. 224; Deutscher Verein für öffentliche und private Fürsorge in DÖV 49, 91.

lich ein Anspruch auf fehlerfreie Ausübung dieses Ermessens bei der Prüfung seines Unterstützungsantrages".[75]

Gegen die Gewährung eines Anspruches führte Thode[76] weiterhin ins Feld, dass bei der Einklagbarkeit von Fürsorgeleistungen eine zentralisierte Spruchfindung nicht stattfinde, so dass (auch angesichts der Verschiedenartigkeit der lokalen Verhältnisse in Deutschland) eine einheitliche Entscheidungspraxis nicht gewährleistet sei.[77] Eine solche Einheitlichkeit lasse sich gleichwohl auch durch eine „scharfe und gleichmäßige Fachaufsicht"[78] gewährleisten, so dass ein bei den Verwaltungsgerichten verfolgbarer Rechtsanspruch auch aus diesem Grunde nicht erforderlich sei.

Schließlich führte auch Thode das Argument der begrenzten Leistungsfähigkeit des Staates an, indem er die Befürchtung äußert, dass „sich bei Erschließung des Rechtsweges die Ansprüche Hilfsbedürftiger erheblich steigern und Arbeitsscheue [...] ihre Zeit noch mehr als bisher zur Erkämpfung einer Unterstützung statt zur Aufsuchung von Arbeitsgelegenheit benutzen [würden]."[79]

Eine entgegengesetzte Auffassung vertrat schon 1920 Friedrich Diefenbach[80], der in seinen Vorschlägen zur Reform der deutschen Reichsarmengesetzgebung[81] für die Einführung eines öffentlichen, verwaltungsrechtlichen Streitverfahrens plädierte, um das Vertrauen in die Armenpflege zu erhöhen und ihr Ansehen zu vergrößern.[82] Er argumentierte, „dass die öffentliche Armenpflege durch nichts so sehr herabgewürdigt und in den Augen der Bevölkerung als etwas gegenüber der sozialen Gesetzgebung Minderwertiges angesehen wird, als durch den Mangel eines staatlich anerkannten und in einem geordneten Verfahren durchzusetzenden Anspruchs auf Unterstützung".[83] Für eine soziale Ausgestaltung der Armenpflege müsse man sich „von der Anschauung frei [machen], als könne eine missbräuchliche Anrufung der Armenpflege verhindert werden etwa durch eine inhumane Behandlung des Armen, wie sie dem englischen Werkhaussystem entspricht, aber auch der deutschen Praxis nicht durchweg fremd zu sein scheint, oder als leide das Ansehen der Armenverbände,

---

75 LVG Rheinland-Pfalz vom 26.11.1953, Az: 1 A 59/52, NDV 1954, S. 351.
76 Zitiert hier nach Diefenbach, Reichsarmengesetz, S. 191.
77 Zitiert hier nach Diefenbach, Reichsarmengesetz, S. 191 f.
78 Zitiert hier nach Diefenbach, Reichsarmengesetz, S. 191., S. 192.
79 Zitiert hier nach Diefenbach, Reichsarmengesetz, S. 191.
80 ZfH 1926, S. 477, 500, 536, 538.
81 Diefenbach, Reichsarmengesetz, S. 182 ff.
82 Diefenbach, Reichsarmengesetz, S. 188 f.
83 Diefenbach, Reichsarmengesetz, S. 188.

wenn sie sich in ein Streitverfahren mit dem Hilfsbedürftigen einlassen müssen, oder als widerspreche die Zulassung eines solchen Streitverfahrens der Armenzucht oder dem Wesen der Armenpflege." [84] Hier tritt Diefenbach gezielt der oben angeführten Argumentation entgegen, die Fürsorgebedürftigen würden durch die Gewährung von Hilfe ohne vorherige Gegenleistung des Bedürftigen in ihren Anstrengungen, ihre Bedürftigkeit aus eigener Kraft heraus zu überwinden, gehemmt. Weiterhin verwies er im Hinblick einer „übermäßigen Inanspruchnahme der Armenbehörde durch Arbeitsscheue und unverschämte Arme" auf die Verfahrenspraxis der Krankenkassen und Spruchbehörden der Unfallversicherung, denen es ebenfalls gelungen sei, „durch geeignete Gegenmaßnahmen der Inanspruchnahme durch Simulanten, Arbeitsscheue und Rentenhysteriker wirksam entgegenzuarbeiten, obgleich das meist viel schwerer zu bewerkstelligen war, als die Fernhaltung von nicht Hilfsbedürftigen von der Armenpflege".[85]

Diefenbach wies auf einen Aufsatz des Jugendrichters Landsberg[86] hin, der bereits 1910 die Auffassung vertreten habe, dass „die richtige Stellung der Armenpflegepflicht im Rechtssystem folgende [sei]: Das UWG schafft für die Hilfsbedürftigen einen Anspruch, ein subjektives öffentliches Recht. Der Arme kann diesen Anspruch nicht im Wege des Zivilprozesses geltend machen, sondern nur auf dem vom UWG angegebenen Verwaltungswege. Dessen ungeachtet handelt es sich um einen Anspruch jedes einzelnen."[87]

Auch Klumker[88] habe sich wiederholt für die Anerkennung eines solchen Rechtsanspruches des Hilfsbedürftigen ausgesprochen. Dieser hebe besonders hervor, dass aufgrund des Fehlens eines gerichtlich geltend zu machenden Anspruchs „allgemein gültige Entscheide der höchsten Instanz von den unteren bewusst und mit Absicht beiseitegeschoben und dem Armen seine Rechte vorenthalten" würden. Dies führe dazu, dass die „Armenpflege [...] den unteren Behörden preisgegeben [sei] und daraus vor al-

84 Diefenbach, Reichsarmengesetz, S. 189.

85 Diefenbach, Reichsarmengesetz, S. 192.

86 Zitiert hier nach Diefenbach, Reichsarmengesetz, S. 193.

87 Zit. nach Diefenbach, Reichsarmengesetz, S. 193.

88 Wilhelm Roscher/Christian Jasper Klumker, System der Armenpflege und der Armenpolitik. Ein Hand- und Lesebuch für Geschäftsmänner und Studierende, 3. Aufl., Berlin: Cotta 1906, S. 157 ff. und 178; vgl. Diefenbach, Reichsarmengesetz, S. 193.

lem erklären sich jene schweren Missstände, die seit Jahren beklagt würden".[89]

Eine vermittelnde Ansicht vertraten Buehl/Fleming[90], indem sie ausführten, es sei erforderlich, „die Erfüllung der [...] Unterstützungspflicht [...] mit rechtlichen Garantien zu umgeben." Ob dies durch einen Rechtsanspruch des Hilfsbedürftigen auf Unterstützung geschehen müsse, sei fraglich, da es sich nach geltender Gesetzgebung bei der Unterstützungspflicht der Armenverbände nur um eine auf objektivem Recht beruhende Pflicht dem Staate gegenüber handle. Der auf den ersten Blick als subjektives Recht erscheinende Anspruch des Armen sei ein Reflexrecht, was jedoch nicht bedeute, dass „die Gewährung der Unterstützung in das willkürliche Ermessen der Armenverbände gestellt sei." Für den Armen bestehe die Möglichkeit, sich wegen einer unzureichenden Gewährung von Unterstützung mit der Beschwerde an die Aufsichtsbehörde zu wenden. Es handle sich hierbei zwar nicht um ein Rechtsmittel, das zur Wahrung der Interessen des Hilfsbedürftigen bestehe, da jedermann die Beschwerde an die Aufsichtsbehörde offenstehe, wenn die Verletzung von objektivem Recht gerügt werde. „[V]om Standpunkt des praktischen Bedürfnisses aus betrachtet" sei es „ziemlich belanglos, ob dem Armen ein klagbares Recht [...] eingeräumt" würde „oder ob ihm nur die Beschwerde an die Aufsichtsbehörde offen" stehe.[91] Die Forderung nach einem subjektiven Recht entbehre jedoch nicht jeglicher Berechtigung, zumal sich im öffentlichen Leben die Tendenz bemerkbar mache, den subjektiven Rechtsschutz zu verstärken. Auch trage „die Vorstellung, dass der Arme ein Recht auf Unterstützung nicht habe, nicht wenig dazu bei, bei den zur Ausübung der Armenpflege berufenen Personen die Ansicht aufkommen zu lassen, dass die Gewährung oder Versagung der Unterstützung gewissermaßen in ihr Belieben gestellt sei."[92]

Buehl/Fleming argumentierten weiterhin, eine Anerkennung und verwaltungsgerichtliche Nachprüfung des Anspruches auf Unterstützung wäre geeignet, mittelfristig gleichmäßige Grundsätze über Umfang und Inhalt der Unterstützungspflicht herauszubilden und die Divergenz zwischen geltendem Recht und Verwaltungspraxis zu beseitigen.[93] Gegen einen subjektiven Rechtsanspruch führten Buehl/Fleming „technisch gro-

---

89 Zit. nach Diefenbach, Reichsarmengesetz, S. 193.
90 Schriften des Deutschen Vereins, Heft 73, S. 97 ff.
91 Zit. nach Diefenbach, Reichsarmengesetz, S. 193.
92 Zit. nach Diefenbach, Reichsarmengesetz, S. 194.
93 Zit. nach Diefenbach, Reichsarmengesetz, S. 194.

ße Schwierigkeiten“ an: Da sich „die Leistungen ausschließlich auf den Notbedarf das konkreten Falles zu beschränken haben, ergebe sich hieraus die Unmöglichkeit, den Inhalt eines subjektiven Rechts des in derselben Weise bestimmt zu normieren“, wie dies bei anderen Leistungen aufgrund von Ansprüchen aus der Sozialgesetzgebung möglich sei.

Schwierigkeiten der Normierung eines solchen subjektiven Rechtsanspruches auf Unterstützung seien nach Diefenbach „dazu da, um überwunden zu werden, und können auch überwunden werden.“[94] Hierzu verwies er auf die Gesetzgebung außerhalb Deutschlands und führt ein französisches Gesetz vom 14. Juli 1913 über Wochenhilfe und Fürsorge für kinderreiche Familien an, in dem ebenfalls der Verwaltungsrechtsweg eröffnet sei.

Auch Schwandner[95] forderte, die Fürsorge in ihrem sozialen Zusammenhang zu sehen: die meisten Fälle der Bedürftigkeit seien auf „Mängel der Wirtschaftsordnung“ zurückzuführen und nicht auf „unwirtschaftliches Verhalten oder korrupte Gewohnheiten der Armen“. Die Armenpflege sei daher eine soziale Notwendigkeit, die Lücken der Gesellschaftsordnung ausfüllen müsse. Da es Menschen gebe, die sich in dieser Gesellschaftsordnung, die der Staat mit geschaffen habe und aufrecht erhalte, nicht selbst versorgen können, erscheint es nur richtig, Menschen die auf Unterstützung angewiesen seien, ein solches Recht einzuräumen.

Die wissenschaftliche Auseinandersetzung mit dem Fürsorgerecht war augenfällig durch ihre Kürze geprägt. Insbesondere wird dies deutlich in der Behandlung des Themas durch die zitierten Lehrbücher. Es erfolgt weder eine dogmatische noch eine auf die tatsächlichen Verhältnisse bezugnehmende Würdigung des Rechtsgebiets, was darauf hindeutet, dass ihm in der Rechtsdogmatik nur geringe, randständige Bedeutung beigemessen wurde.

Die Behandlung des Fürsorgerechts in Zeitschriften war gekennzeichnet durch Argumentationsmuster, die sich im allgemeinen Bereich bewegen und deren Maßstäbe und Anknüpfungspunkte eher vage bleiben. Bezeichnend ist auch, dass eigens mit der Materie befasste Zeitschriften publiziert wurden, deren Verfasser unter sich blieben und einen von der übrigen Rechtswissenschaft abgeschotteten Diskurs führten. Publikationen in renommierten rechtswissenschaftlichen Zeitschriften sind bis nach 1945 praktisch nicht vorhanden, was unmittelbare Rückschlüsse auf die Begründungstiefe der Argumentation zulässt.

---

94 Diefenbach, S. 195.

95 Schriften des Deutschen Vereins, Heft 73, S. 155; zit. nach Diefenbach, S. 195.

Ganz überwiegend ging man davon aus, ein Rechtsanspruch (ein subjektives, im öffentlichen Recht begründetes Recht) auf Fürsorgeleistungen bestehe nicht. Jenseits genuin rechtsdogmatischer Überlegungen wurde dies häufig mit quasi-moralischen Argumenten der Art zu begründen gesucht, dass ein derartiger Anspruch ohne vorherige Gegenleistung die Arbeitsbereitschaft der Anspruchsberechtigten zu untergraben geeignet sei. Einzelne Autoren forderten zumindest rechtlich verbindliche Regelungen zur Gewährung von Fürsorgeleistungen. Insgesamt dürften die vertretenen Meinungen und gefundenen Ergebnisse als zweckorientiert zu bezeichnen sein; zumeist lassen sie juristische Begründungstiefe vermissen. Als explizite Gegenposition zu der hier skizzierten offenbar herrschenden Meinung ist jene Friedrich Diefenbachs herauszuheben.

### 2. Nach 1945

Einen ablehnenden Standpunkt zu einem Rechtsanspruch auf Fürsorge nach 1945 nahmen u.a. noch Peters[96], Nebinger[97] und Helfritz[98] ein; mangels Neuauflage müssen auch die weiterhin im Lehrbetrieb verwendeten Lehrbücher von Mayer (mit den o.g. Einschränkungen), Walter Jellinek und Hatschek hinzugezählt werden.

Nach Peters war der Anspruch auf Fürsorge lediglich ein „Reflex des objektiven Rechts“, weitergehende Ausführungen hierzu erfolgten nicht.[99]

In § 17 des Lehrbuchs für Verwaltungsrecht, Allgemeiner Teil, führte Nebinger aus, dass im Verhältnis zur öffentlichen Gewalt Rechtsansprüche des Einzelnen stark zurückträten, es handle sich im öffentlichen Recht vorwiegend um „Interessen“, die nicht in derselben Weise geschützt seien und geschützt sein könnten wie subjektive Rechte. Verletzte Interessen seien die Grundlagen für Verwaltungsbeschwerden, d.h. für die Anfechtung von Verwaltungsakten; die Anfechtungsklage hingegen verlange in der Regel die Verletzung subjektiver Rechte.[100] „Es kann sein, dass der Gesetzgeber der Staatlichen Aufgabe in der Weise nachkommt, dass er eine Verpflich-

96 Hans Peters, Lehrbuch der Verwaltung, Berlin: Springer 1949, S. 433.

97 Robert Nebinger, Verwaltungsrecht. Allgemeiner Teil, Berlin: Springer 1946, S. 247; Robert Nebinger, Verwaltungsrecht. Allgemeiner Teil, 2., erw. Auflage, Stuttgart: Wissenschaftliche Verlagsgesellschaft 1949, S. 285.

98 Hans Helfritz, Verwaltungsrecht, Hannover: Wissenschaftliche Verlags-Anstalt 1949, S. 36.

99 Peters, Verwaltung, S. 433.

100 Nebinger, Verwaltungsrecht, 2. Aufl., S. 284 f.

tung der Verwaltung zu einem bestimmten Verhalten festlegt, die Pflicht aber nur in der Form eines objektiven Rechtssatzes aufstellt, der die Verwaltungsbehörde zu einem bestimmten Handeln verpflichtet. Vergleiche § 7 RFV, wonach jeder Hilfsbedürftige von demjenigen Bezirksfürsorgeverband vorläufig unterstützt werden muss, in dessen Bezirk er sich befindet. Auch diesem Rechtssatz entspricht kein subjektiver Rechtsanspruch auf Unterstützung, wenn schon bei einer Ablehnung ein Einspruch gegeben ist, und auch Art. 24 der Verfassung (Baden-Württemberg) hat keinen im Verwaltungsrechtsweg durchsetzbaren Rechtsanspruch im Auge."[101] In der Fußnote hierzu verwies Nebinger unter Bezugnahme auf das Urteil des thüringischen OVG vom 04.09.1946 darauf, dass „neuerdings unter Hinweis auf den Wortlaut der neuen Verfassungen mit wachsendem Nachdruck die Auffassung vertreten [werde], dass der Hilfsbedürftige einen im Verwaltungsrechtsweg durchsetzbaren Rechtsanspruch auf Fürsorge habe". Dazu führte er aus, dass die Verfassungen jedoch manche „Ansprüche" kennen, die nur ethisch gemeint sind, wie zum Beispiel das Recht auf Bildung. Dass ein „praktisches Bedürfnis" in dieser Richtung nicht vorliege, beweise „die bisherige gesunde Übung, bei der der Hilfsbedürftige nicht zu kurz kam"; „die gegenteilige Auffassung wird die Verwaltungsgerichte in unerträglicher Weise mit Klagen überschwemmen".

Weiterhin stellt Nebinger heraus, dass die Fürsorgebehörde freies Ermessen bei der Handhabung der Richtsätze aus § 6 Abs. 4 RVF habe.[102]

Helfritz bejaht in diesem Zusammenhang einen aus einem Reflex objektiven Rechts erwachsenden Gesetzesvollziehungsanspruch des Hilfsbedürftigen, die Festsetzung der Fürsorgeleistungen aber liege „innerhalb bestimmter Richtlinien im Ermessen der Behörde".[103] Im Gegensatz hierzu sei ein subjektiv-öffentliches Recht nur gegeben, wenn ein inhaltlich genau bestimmter Anspruch des Berechtigten gegenüber dem Träger der öffentlichen Gewalt bestehe, „mithin eine unmittelbare Rechtsbeziehung zwischen ihm und dem Gewaltunterworfenen" hergestellt sei.[104]

Die nach wie vor überwiegend äußerst knapp gehaltenen Ausführungen zum Fürsorgerecht in den oben genannten verwaltungsrechtlichen Lehrbüchern zeigen, wie wenig dieses politisch und gesellschaftlich aktuelle Thema der Gewährung von Fürsorgeleistungen auch nach 1945 als Rechtsmaterie wahrgenommen wurde, die dogmatischer Aufarbeitung zugeführt

101 Nebinger, Verwaltungsrecht 2. Aufl., S. 285 f.
102 Nebinger, Verwaltungsrecht 2. Aufl., S. 224.
103 Helfritz, Verwaltungsrecht, S. 36.
104 Helfritz, Verwaltungsrecht, S. 35.

werden sollte. Die vorhandenen Argumentationslinien, insbesondere die von Nebinger vertretene Auffassung, ein „praktisches Bedürfnis“ für einen subjektiven Anspruch bestehe nicht, da die Hilfsbedürftigen auch bei der bisherigen „gesunden Übung“ nicht zu kurz gekommen seien, mutet nahezu überheblich an angesichts der Vielzahl der betroffenen Personen und der ab 1945 anhängigen Gerichtsverfahren.

Eine deutliche Veränderung in der vorherrschenden Literaturmeinung brachte das „Lehrbuch des Verwaltungsrechts“ von Ernst Forsthoff. Forsthoff[105] orientierte sich zur Beantwortung der Frage nach einem klagbaren Anspruch auf Fürsorgeleistungen allein am Gesetzeswortlaut der Generalklausel zur Eröffnung des Verwaltungsrechtswegs. Anders als beispielsweise im Lehrbuch von Nebinger wurden nicht die Verfassungen der Länder herangezogen, ebensowenig fand eine Auseinandersetzung mit dem materiellen Fürsorgerecht bzw. dessen geschichtliche Entwicklung statt. Stattdessen führte Forsthoff in seinem Lehrbuch aus, dass der Kreis der im Klagewege verfolgbaren Ansprüche durch die Einführung der Generalklausel in ihrer weiten Fassung „beträchtlich erweitert“ worden sei. Eine Beschränkung der Klagebefugnis auf die Verletzung subjektiver öffentlicher Rechte sei weder in der MRVO Nr. 165 noch im Verwaltungsgerichtsbarkeitsgesetz zu erkennen. Nach dem Wortlaut des § 23 MRVO Nr. 165 habe jedermann „ein Recht darauf, daß die Verwaltung ihm gegenüber nach Recht und Gesetz verfahre; tut sie es nicht, so beeinträchtigt sie ihn in seinen Rechten.“[106] § 23 VGG sei zwar sprachlich anders gefasst: „Soweit nicht gesetzlich etwas anderes bestimmt ist, kann nur klagen, wer ein ihm zustehendes Recht geltend macht oder eine ihm angesonnene Verbindlichkeit bestreitet.“ Es sei jedoch anzunehmen, dass das „zustehende Recht“ im Sinne der Vorschrift nicht in dem engen Sinne des subjektiven öffentlichen Rechts verstanden werden dürfe, zumal der Begriff durch die Einführung der Generalklausel nicht wesentlich schwerer abgrenzbar sei, als dies bislang schon der Fall gewesen sei. Eine derartige Beschränkung komme der Ausschaltung der Verwaltungsgerichtsbarkeit im Bereich der Daseinsvorsorge gleich und würde damit den Fortschritt, den die Generalklausel darstelle, in Frage stellen.[107] Es sei daher eine „weitherzige Auslegung des

105 Ernst Forsthoff, Lehrbuch des Verwaltungsrechts, Bd. 1: Allgemeiner Teil, München: Beck 1950, S. 157.

106 Forsthoff, Lehrbuch des Verwaltungsrechts 1, S. 413.

107 Forsthoff, Lehrbuch des Verwaltungsrechts 1, S. 413.

'zustehenden Rechts' geboten, das dem rechtsschutzwürdigen Interesse des Einzelnen gleichzusetzen" sei.[108]

In diesem Zusammenhang ist auch auf eine These Forsthoffs hinzuweisen, der in der rechtswissenschaftlichen Diskussion um klagbare Ansprüche im Rahmen von Fürsorgeleistungen zumindest implizit Relevanz zukommen sollte, nämlich, dass es zwischen Rechts- und Sozialstaat grundlegende Inkompatibilitäten gäbe. „Sozialstaat und Rechtsstaat" seien, so Forsthoff, „jeweils konsequent zu Ende gedacht, Staaten von verschiedener, um nicht zu sagen gegensätzlicher politischer und rechtlicher Ausprägung". Allerdings hielt er dieses Problem zumindest hinsichtlich der Bundesrepublik Deutschland für entschärft, „die in Art. 20 und 28 GG als ein sozialer Rechtsstaat gekennzeichnet" werde und insofern „einen Verfassungstypus eigener Prägung darstellt, der auf charakteristische Weise rechtsstaatliche und sozialstaatliche Elemente in sich vereinigt".[109]

„Der Sozialstaat", so Forsthoff, sei „ein reaktiv, aus der jeweiligen Situation heraus handelnder Staat. Dieses Handeln folgt mehr den Anforderungen der Lage als allgemeinen politischen Konzeptionen." Hingegen sei es unzutreffend, den Rechtsstaat im Wesentlichen rechtstechnisch zu definieren, über Elemente wie „Gewaltenteilung, Grundrechte und Prinzip der gesetzmäßigen Verwaltung". Vielmehr müsse eine Orientierung an „höheren Leitbildern" stattfinden, zu denen offenbar auch der „Anspruch" zähle, „ein auf Gerechtigkeit angelegtes Gebilde zu sein".[110] Der Sozialstaat diene derselben aber keineswegs, sondern sei vielmehr auf die Verteilung von Wohlstand ausgerichtet. Dies allerdings erschien Forsthoff fragwürdig.[111]

Forsthoffs These einer prinzipiellen Gegensätzlichkeit und insofern potentiellen Konfliktträchtigkeit von Rechts- und Sozialstaat wird teils auch

---

108 Forsthoff, Lehrbuch des Verwaltungsrechts 1, S. 413. Zum Begriff der Daseinsvorsorge bei Forsthoff vgl. Ernst Forsthoff, Die Daseinsvorsorge und die Kommunen. Köln-Marienburg: Sigillum 1958; Roman Ringwald, Daseinsvorsorge als Rechtsbegriff. Forsthoff, Grundgesetz und Grundversorgung. Frankfurt am Main u.a.: Lang 2008, S. 30 ff. Zum Einfluss Forsthoffs auf Rechtswissenschaft und Jurisprudenz der frühen Bundesrepublik sowie einem differenzierten Blick auf Forsthoffs NS-Vergangenheit: Florian Meinel, Der Jurist in der industriellen Gesellschaft. Ernst Forsthoff und seine Zeit. Berlin: Akademie-Verlag 2011, S. 50 ff., 101 ff.; Bernd Rüthers, Überlebende und überlebte Vergangenheiten. Zwei Starjuristen einer Diktatur unter sich, myops 4/2008, S. 67 – 75.

109 Forsthoff, Lehrbuch des Verwaltungsrechts 1, S. 4, Anm. 1.

110 Forsthoff, Lehrbuch des Verwaltungsrechts 1, S. 58 f., FN 4.

111 Forsthoff, Lehrbuch des Verwaltungsrechts 1, S. 58 f., FN 4.

heute noch vertreten, etwa von Otto Depenheuer.[112] Ihr Zutreffen hängt selbstverständlich von der Art ab, in der die Begriffe Rechts- und Sozialstaat jeweils definiert werden. Allerdings lassen sich doch jedenfalls gute Gründe dafür anführen, dass der von Forsthoff behauptete Gegensatz zumindest aus heutiger Sicht letztlich nicht bestätigt werden kann.[113]

Anfang der 1950er-Jahre begann sich nun auch im Bereich der Rechtsprechung langsam ein Wandel zum Thema Fürsorgeleistungen abzuzeichnen, was im wissenschaftlichen Diskurs wie folgt vorbereitet wurde:

Der auf einem Vortrag des am bayerischen VGH tätigen Senatspräsidenten Wilhelm Bauer basierende Aufsatz „Aktuelle Kernfragen der Verwaltungsrechtspflege“[114] vom Oktober 1948 erschien noch vor dem Urteil des bayerischen VGH und damit vor der ersten der neuen Rechtsauffassung folgenden obergerichtlichen Entscheidung. Aus der Vorbemerkung des Aufsatzes ergibt sich, dass der Verfasser diesen als Vortrag auf einer Tagung von Praktikern und Hochschullehrern hielt.

Möglicherweise hat der Verfasser die am bayerischen VGH vertretene Rechtsansicht zu dem Anspruch auf Fürsorgeleistungen zunächst als Vortrag präsentieren wollen, um Reaktionen und Einwände gegen diese Rechtsauffassung abzuprüfen. Es scheint, als habe es keine substantiellen neuen und überzeugenden Einwände gegeben, da der Vortrag später als Aufsatz veröffentlicht wurde. Zwar hat an diesem Urteil Bauer nicht als Richter mitgewirkt, vielmehr war der Erste Senat in der Besetzung Ziegler, Schattenfroh, Hufnagel, Eichhorn und Hess zuständig; gleichwohl wurden die in dem Aufsatz von Bauer veröffentlichten rechtlichen Erwägungen passagenweise wörtlich wie folgt in das Urteil des Bayerischen VGH übernommen:

Der Verfasser bezog sich zu Beginn des Aufsatzes auf das Urteil des thüringischen OVG vom 04.09.1946[115], in dem „auf einer Rechtsentwicklung hingewiesen [wurde], die schrittweise die Rechtsstellung des Hilfsbedürfti-

---

112 Otto Depenheuer, Entwicklungslinien des verfassungsrechtlichen Eigentumsschutzes in Deutschland 1949 – 2001, in: Thomas Dannwitz/Otto Depenheuer/Christoph Engel, Bericht zur Lage des Eigentums. Berlin u.a.: Springer 2002, S. 128.

113 S. unten Kapitel F.

114 Wilhelm Bauer, Aktuelle Kernfragen der Verwaltungsrechtspflege, DÖV 1948, S. 28 ff.

115 Jahrbuch der Entscheidungen des Thüringischen Oberverwaltungsgerichts, 18. Band, Jhrg. 1946/47, S. 5 ff.

gen verbessert und damit vielleicht die Elemente eines subjektiven Rechts geschaffen hat“[116].

Der Aufsatz entspricht in seiner Gliederung größtenteils dem Urteil des bayerischen VGH vom 08.03.1949, einzelne, charakteristische Textpassagen gleichen einander aufs Wort. Indem er die Entwicklung der Rechtsbehelfe des Hilfsbedürftigen nachzeichnete, stellte der Verfasser fest, dass „die rechtliche Stellung des Hilfsbedürftigen also nach dem Willen des Gesetzgebers nicht mehr auf der Stufe verbleiben [sollte], auf der er lediglich als Objekt des Verfahrens in Fürsorgesachen galt, sondern es wurde ihm die Macht eingeräumt, seinen Anspruch wenigstens eine Strecke weit in einem Rechtsverfahren selbst zu verfolgen“.[117] Diese Passage findet sich wortgleich in der Entscheidung des bayerischen VGH. Auch die Ausführungen zum VGG entsprechen sich vollständig: Es entspreche „offenkundig der Absicht des VGG das Bestehen eines Rechtes im Zweifelsfalle eher anzuerkennen, als zu verneinen“. Dies sei umso mehr der Fall, als das „Staatsleben nach der Kapitulation von einem neuen Geiste getragen sei, dem vor allem das rechtsstaatliche und soziale Denken eigen“ wäre und die „fragliche Rechtsstellung im Bereich der anderen tragenden Idee des neuen Staates liege“, der „Forderung nach sozialer Fürsorge“.[118]

Schließlich gleichen einander auch die Ausführungen des VGH-Urteils und von Bauers Aufsatz zu Art. 3 und Art. 168 der bayerischen Verfassung. Art. 3 enthalte den „Auftrag an alle Organe des Staates und seine Körperschaften, den rechtsstaatlichen und sozialen Absichten des Verfassungsgebers wo immer möglich Rechnung zu tragen“[119]. Aus Art. 168 ergebe sich mittelbar eine Stütze für die Annahme eines Rechts auf Fürsorge. Jedenfalls sei es mit den Grundforderungen des modernen Rechts- und Sozialstaates nicht zu vereinbaren, die „Hilfsbedürftigen in die Rolle von Menschen zurückzudrängen, deren Anwartschaft auf Fürsorge sich nur indirekt als Reflexwirkung daraus ergebe, dass die Fürsorgeverbände gegenüber dem Staat zur Bekämpfung der Armut verpflichtet sind.“[120] Die Zusammenschau von einzelnen Grundrechten mit dem Bekenntnis der Verfassung zum Rechts- und Sozialstaat ist für die Fortentwicklung des Rechts auf Fürsorge entscheidend und wird, wie noch zu zeigen ist, eine zentrale

116 Bauer, Aktuelle Kernfragen, S. 28.
117 Bauer, Aktuelle Kernfragen, S. 28; Bayerischer VGH, DÖV 1949, S. 375.
118 Bauer, Aktuelle Kernfragen, S. 28; Bayerischer VGH, DÖV 1949, S. 376.
119 Bauer, Aktuelle Kernfragen, S. 28; Bayerischer VGH, DÖV 1949, S. 376.
120 Bauer, Aktuelle Kernfragen, S. 29; Bayerischer VGH, DÖV 1949, S. 376.

Argumentationslinie im Urteil des Bundesverwaltungsgerichts vom 24.06.1954 darstellen.

Die Fragestellungen scheinen am bayerischen VGH intensiv sowie senatsübergreifend diskutiert und geprüft worden zu sein, da man sich der Tragweite einer ersten obergerichtlichen Entscheidung, die einen klagbaren Anspruch auf Fürsorgeleistungen anerkannte, bewusst war. Die vorherige Befassung und Diskussion mit Fachpublikum durch den Senatspräsidenten Bauer ist insofern unproblematisch, da er nicht in die Urteilsfindung einbezogen war, mithin keine Verletzung des Beratungsgeheimnisses des erkennenden Ersten Senats vorlag.

Fünf Monate später erschien in der DÖV[121] eine Erwiderung des Deutschen Vereins für öffentliche und private Fürsorge zum Beitrag von Wilhelm Bauer unter dem Titel „Zur Frage eines subjektiven öffentlichen Rechts des Hilfsbedürftigen gegenüber dem Fürsorgeträger". Diese griff die Argumentation aus einem Artikel auf, der bereits im Juli/August 1948 im Nachrichtendienst des Deutschen Vereins für öffentliche und private Fürsorge erschienen[122] war.

Im Beitrag des Deutschen Vereins wurde zugestanden, dass die Frage nach dem Bestehen eines subjektiven öffentlichen Rechts auf Fürsorgeleistungen im Rahmen des VGG nicht mehr entschieden werden müsse, da jedenfalls ein solches Recht mit Inkrafttreten der Bayerischen Verfassung vom 02.12.1946 aus Art. 168 Abs. 3 entstanden und damit die Anfechtungsklage auf dem Gebiet des Fürsorgerechts zulässig sei.

Gleichwohl könne die von Bauer[123] geäußerte Auffassung, auch in den übrigen Ländern der amerikanischen Besatzungszone sei durch die Verfassungen ein solches Recht entstanden, jedenfalls für Hessen, Bremen und Württemberg-Baden nicht anerkannt werden. Der Rückschluss alleine aus dem Wortlaut der Verfassungen wäre so, wie ihn Bauer gezogen habe, nicht zutreffend, vielmehr sei auf die Protokolle der Verfassungsausschüsse zurückzugreifen. Diese zeigten nämlich, dass ein Entstehen eines subjektiven Rechts nicht gewollt war. In Württemberg-Baden beispielsweise sollte nach dem Protokoll des Verfassungsausschusses durch Art. 24 der Verfassung nur ein Programm aufgestellt werden, über dessen Verwirklichung in der Verfassung keine Bestimmungen getroffen werden könnten. Auch in

---

121 Deutscher Verein für öffentliche und private Fürsorge (DV), Zur Frage eines subjektiven öffentlichen Rechts des Hilfsbedürftigen gegenüber dem Fürsorgeträger, DÖV 1949, S. 91.

122 ND 1948 S. 120 f.

123 Bauer, Aktuelle Kernfragen, S. 28 ff.

Hessen habe der einschlägige Art. 28 Abs. 3 der Verfassung lediglich das Ziel, eine Arbeitslosenversicherung verfassungsrechtlich zu verankern. Für die Rechtslage in Bremen habe der VGH Bremen in seinem Beschluss vom 20.01.1948 festgestellt, dass kein Rechtsanspruch auf Fürsorgeleistungen bestehe und eine Anfechtungsklage gegen eine ablehnende Beschwerdeentscheidung unzulässig sei.

Die Rechtentwicklung sei daher nicht einheitlich verlaufen; in jedem Fall könne „vom Standpunkt der Fürsorge aus [...] die Entscheidung [des bayer. VGH, Anm. d. Verf.] nicht begrüßt werden." Bei den zu überprüfenden Entscheidungen handle es sich in der Regel um Ermessensentscheidungen der Behörden, die im Rahmen der Grenzen der Reichsgrundsätze, der Fürsorgerichtlinien und der Richtsätze zu treffen seien. Da es sich um gebundenes Ermessen handle, sei mit einer umfangreichen Überprüfung durch die Verwaltungsgerichte zu rechnen. Der Deutsche Verein sei jedoch der Auffassung, „dass es nicht zu den Aufgaben der Verwaltungsgerichte gehören kann, nachzuprüfen, ob im Einzelfalle von den Fürsorgebehörden die richtigen, zur Behebung der Notlage geeigneten Maßnahmen ergriffen worden sind. Dieses kann nur derjenige beurteilen, der über eigene praktische Erfahrungen auf dem Gebiete der Fürsorge verfügt, enge Fühlung mit den hilfsbedürftigen Menschen hat und hieraus Erfahrungen über die Art, wie sie auf die Gewährung von staatlicher Hilfe reagieren, hat sammeln können."[124]

Die Befürchtungen der Fürsorgepraktiker gingen folglich dahin, dass die Verwaltungsgerichte ihre Entscheidungen nicht nur auf Rechtmäßigkeit prüfen, sondern auch eigene Zweckmäßigkeitserwägungen anstellen würden. Auch spricht aus der zitierten Äußerung die altbekannte Befürchtung, die Entscheidungen der Verwaltungsgerichte würden zu einer Ausweitung von Leistungen und damit zur Schaffung von unerwünschten Anreizen auf Seiten der Hilfsbedürftigen führen. Die Möglichkeit der Verwaltungsgerichte, auf Einzelfälle Einfluss zu nehmen, berge „die Gefahr, dass lebensfremde Entscheidungen getroffen werden, die sich unter Umständen zum Schaden der Fürsorge in ihrer Gesamtheit oder zum Nachteil des einzelnen Hilfsbedürftigen auswirken müssen". Der Aufsatz schließt mit der Erwartung, dass die im Hinblick auf die neue Rechtsauffassung „gesammelten Erfahrungen dazu führen müssen, dass wieder eine Anglei-

124 DV, Zur Frage eines subjektiven öffentlichen Rechts des Hilfsbedürftigen gegenüber dem Fürsorgeträger, S. 91.

chung an das in den übrigen Ländern geltende und schon bisher ohne Nachteil für den Hilfsbedürftigen bewährte Recht angestrebt wird."[125]

125 DV, Zur Frage eines subjektiven öffentlichen Rechts des Hilfsbedürftigen gegenüber dem Fürsorgeträger, S. 92.

## C. Neue Rechtsauffassung

Bis zum Jahr 1949 verschob sich die Gewichtung der verschiedenen Rechtsauffassungen: Erstmals kam es zu stattgebenden Urteilen, die mit verschiedenen Begründungsmustern einen klagbaren Anspruch auf Fürsorge anerkannten.[126] Gleichzeitig hielten viele Gerichte an der alten Entscheidungslinie fest, so dass – dies ist zumindest aus heutiger Sicht erkennbar – in der Rechtsprechung eine Teilung in zwei etwa gleichermaßen stark vertretene Rechtsauffassungen erfolgte. In wieweit dies den erkennenden Gerichten zum jeweiligen Entscheidungszeitpunkt präsent war, vermag heute nicht mehr nachvollzogen zu werden; sofern die Entscheidungen nicht explizit vorausgegangene Urteile zu dieser Fragestellung zitieren, dürfte allerdings davon auszugehen sein, dass die Entscheidungen nicht bekannt waren.[127]

### I. Rechtsprechung

Nachdem bis zum März 1949 die Rechtsprechung einem klagbaren Anspruch des Fürsorgebedürftigen auf Fürsorgeleistungen ablehnend gegenüber gestanden hatte[128], bejahte erstmals der Bayerische VGH am 08.03.49[129] einen solchen Anspruch des Bedürftigen. Weitere Landesverwaltungsgerichte folgten der Rechtsauffassung, teilweise jedoch mit unterschiedlichen Begründungen.

---

126 Stolleis, Geschichte des Sozialrechts, S. 216 f.

127 Im Zeitalter gut sortierter Bibliotheken und ständig verfügbarem Juris-Zugang darf der historische Kontext nicht aus den Augen verloren werden. Die zeitnahe Verbreitung juristischer Literatur, seien es Urteile oder Zeitschriftenartikel, dürfte kurz nach dem Krieg die Ausnahme gewesen sein. Vgl. hierzu auch unten, Kap. D. III.

128 Sächsisches OVG vom 13.03.29; OVG Jena vom 09.04.46; VGH Bremen vom 20.01.48; VG Stuttgart vom 18.02.49 – DÖV 1950, S. 433;
Hessischer VGH vom 16.03.49 – DÖV 1949, S. 377.

129 DÖV 1949, S. 375.

## 1. Ablehnende Entscheidungen

Ablehnend und damit in der Tradition der althergebrachten Rechtsauffassung entschieden noch das OVG Thüringen am 04.09.1946, der VG Bremen in seiner Entscheidung vom 20.01.1948, der Hessische VGH am 16.03.1949[130] und der VGH Stuttgart am 18.02.1949[131].

### a) OVG Thüringen vom 04.09.1946

Die Entscheidung des OVG Thüringen vom 04.09.1946[132] befasst sich mit einer Anfechtungsklage gegen die Ablehnung beantragter Fürsorgeunterstützung in Gestalt der Kleinrentnerhilfe, die in §§ 14 ff. der Reichsfürsorgeverordnung geregelt war. Das Gesetz über die Kleinrentnerhilfe vom 5. Juli 1934 (RGBl. I S. 580) gewährte einem abgegrenzten Kreis von Kleinrentnern besondere Vergünstigungen im Rahmen der öffentlichen Fürsorge.[133]

Das Gericht stellte in der Entscheidungsbegründung zunächst die Rechtsmittel der Fürsorgebedürftigen gegen ablehnende Entscheidungen nach der RFV dar: Gemäß §§ 3, 3a RFV (Fassung der zweiten Notverordnung vom 5. Juni 1931 und der Verordnung zur Vereinfachung des Fürsorgerecht vom 7. Oktober 1939) treffe das Land im Rahmen der reichsrechtlichen Vorschriften Regelungen zu Verfahren, Beschwerde und Aufsicht in Bezug auf Rechtsmittel gegen Fürsorgeentscheidungen. Gegen ablehnende Entscheidungen sowie Festsetzungsentscheidungen nach Art und Höhe müsse landesrechtlich der Einspruch, gegen Einspruchsentscheidungen das Rechtsmittel der Beschwerde zugelassen werden, wobei die Erhebung der Rechtsmittel nicht voraussetze, dass der Hilfsbedürftige in seinen Rechten verletzt sei. Das Gericht stellte fest, dass unter „Verfahren, Beschwerde und Aufsicht" offenbar nur der Verwaltungsweg gemeint sei, der Verwaltungs*rechtsweg* würde überhaupt nicht erwähnt. Auch sei eine Zulassung der Anfechtungsklage durch Landesrecht nirgendwo erfolgt, vielmehr würden die Ausführungsbestimmungen der Länder dahingehend übereinstimmen, dass Beschwerdeentscheidungen endgültig seien,

130 DÖV 1949, S. 377.
131 DÖV 1950, S. 443.
132 Jahrbuch der Entscheidungen des Thüringischen Oberverwaltungsgerichts, 18. Band, Jhrg. 1946/47, S. 5 ff.
133 Baath/Kneip/Langlotz, Fürsorgepflicht, 13. Aufl., Anm. zu § 14 RFV.

d.h. der Verwaltungsrechtsweg nicht eröffnet sei. Dies entspreche auch dem Willen des Gesetzgebers, der sich aus § 15 der Verordnung vom 3. September 1938 über die Einführung fürsorgerechtlicher Vorschriften in Österreich (RGB. I S. 1125) und § 3a Abs. 5 der Verordnung zur Vereinfachung des Fürsorgerechts vom 7. Oktober 1939 (RGBl. I S. 2002) ergebe. Hiernach seien Entscheidungen im Einspruchs- und Beschwerdeverfahren für die Zivilgerichte bindend, Verwaltungsgerichte würden überhaupt nicht erwähnt.

Quasi hilfsweise führte das Gericht mit Bezugnahme auf die Lehrbücher von Mayer[134] und Jellinek[135] aus, dass sich nach der Verwaltungsrechtslehre die Unzulässigkeit einer Anfechtungsklage wegen eines „Anspruchs" auf Fürsorgeleistungen bereits aus der materiell-rechtlichen Gestaltung des Fürsorgerechts herleite. „Ein Recht des Hilfsbedürftigen auf die Leistungen der Fürsorge [werde] von der geltenden Rechtsordnung nicht anerkannt. Im Wege der Fürsorge, der Unterstützung, der Hilfe würden schon dem Wortsinn nach Bedürftigen nur Leistungen gewährt, auf die sie keinen Anspruch, jedenfalls keinen Rechtsanspruch hätten."[136] Mit Hinweis auf die Entscheidung des preußischen Gerichtshofs für die Entscheidung der Kompetenzkonflikte vom 20. Juni 1931[137] und die Kommentierung von Baath[138] legte das Gericht dar, dass nach bis dahin herrschender Meinung dem Fürsorgeempfänger kein subjektiv-öffentlichrechtlicher, im Klagewege verfolgbarer Anspruch zustehe. Nach der thüringischen Landesverwaltungsordnung könne Anfechtungsklage nur dann erhoben werden, wenn der Kläger in seinen Rechten verletzt sei. Verneine man daher einen solchen Rechtsanspruch, könne die Anfechtungsklage auch aus diesem Grunde keinen Erfolg haben; für den Fall, dass man ein solches „Recht" des Hilfsbedürftigen bejahe, bleibe die Anfechtungsklage unzulässig, da die Beschwerdeentscheidung aufgrund der ausdrücklichen Bestimmung endgültig sei.

134 Mayer, Verwaltungsrecht, S. 386, mit Anm. 386, s. auch oben unter B.IV.
135 Walter Jellinek, Verwaltungsrecht, S. 202, s. auch oben unter B.IV.
136 Jahrbuch der Entscheidungen des Thüringischen Oberverwaltungsgerichts, 18. Band, Jhrg. 1946/47, S. 11.
137 Zeitschrift für Heimatswesen 1934, S. 63.
138 Baath/Kneip/Langlotz (Hg.), Fürsorgepflicht, s. auch oben unter B.IV.

### b) VGH Bremen vom 20.01.1948

Diese gelegentlich in der Literatur erwähnte Entscheidung[139] konnte trotz intensiver Recherchen nicht aufgefunden werden. Der Beschluss des VG Bremen in der Sache Goldberg gegen Stadtgemeinde Bremen ist nicht veröffentlicht worden, nach Auskunft des Vizepräsidenten des Verwaltungsgerichtes wurde die Entscheidungen aus dem Jahre 1948 bereits vernichtet. Auch ist der Beschluss nicht in den Beständen des Staatsarchivs Bremens verfügbar. Nach Auskunft des Staatsarchivs Bremen ist anzunehmen, dass die betreffende Akte vom Staatsarchiv Bremen nicht übernommen wurde, da nur eine Auswahl von Verfahrensakten ins Staatsarchiv gelangt.

### c) VGH Stuttgart vom 18.02.1949

In dem Urteil des VGH Stuttgart vom 18.02.1949[140] wurde eingangs kritisch die Frage aufgeworfen, ob „schon so weit gegangen und [...] ein Rechtsanspruch auf Fürsorge anerkannt werden soll." Wesentlich für die Beantwortung dieser umstrittenen Frage sei, dass sich aus dem Gebrauch des Wortes „Anspruch" in Art. 24 der Württembergisch-Badischen Verfassung ein Rechtsanspruch im Sinne eines subjektiv-öffentlichen Rechts nicht ableiten lasse. „[S]taatliche Leistungen können dem Einzelnen nicht nur im Wege der Zubilligung eines subjektiven Rechts verschafft werden, der Staat kann auch die Verwirklichung seiner Anordnungen ausschließlich in die Hand der Behörden legen", es bestehe lediglich ein Reflexrecht, ein Gesetzesvollziehungsanspruch. Auch der Bericht des Württembergisch-Badischen Verfassungsausschusses spreche gegen ein solches Recht; dieser sei sich darüber klar gewesen, dass es lediglich das Ziel sei, ein Programm aufzustellen, „über dessen Verwirklichung in der Verfassung keine Bestimmungen getroffen werden können". Daher vertrat das Gericht die Auffassung, dass zum Zeitpunkt der Entscheidung ein Bestehen eines Rechtsanspruches auf Fürsorge vereint werden müsse. Da der Gesetzesvollziehungsanspruch, das Reflexrecht, nur im Wege der Aufsichtsbeschwerde vor den Verwaltungsbehörden verfolgt werden könne, sei der Kläger nicht in seinem Recht verletzt; eine Anfechtungsklage müsse schon aus diesem Grund abgewiesen werden. Schließlich ergänzt das erkennende Gericht, dass es sich bei der Entscheidung über Einzelheiten der Fürsorgeleistung um Er-

139 ND 1954, S. 135.
140 DÖV 1950, S. 443.

messensentscheidungen handle. Selbst wenn daher ein Rechtsanspruch auf Fürsorge bejaht werden sollte, sei lediglich eine Überprüfung auf Ermessensfehler zulässig.

### d) Hessischer VGH vom 16.03.1949

Der Hessische VGH stellte in seiner Entscheidung vom 16.03.1949[141] fest, dass ein Hilfsbedürftiger in Hessen kein mit Klage verfolgbares Recht auf Fürsorge habe. Die Gestaltung des Fürsorgerechts sehe zwar eine öffentlich-rechtliche Pflicht der Träger der Fürsorge zur Unterstützung vor (§§ 1 Abs. 1, 7 Abs. 1 RFV), hieraus resultiere aber kein im Klageweg verfolgbarer Anspruch des Hilfsbedürftigen. Ihm sei lediglich ein Einspruchsrecht gegen Ablehnung und Festsetzung der Art und Höhe der Unterstützung zugestanden. Dass ihm ein subjektives Recht nicht zustehe, ergebe sich auch aus dem Wortlaut der genannten Normen: der Gesetzgeber habe eigens den Ausdruck „Fürsorgeberechtigter" in „Hilfsbedürftiger" geändert, um keinen Zweifel über das Nichtbestehen eines im Klagewege verfolgbaren Anspruchs zu lassen. Das Urteil verweist auf eine Entscheidung des Thüringischen OVG[142], die ebenfalls an dieser Rechtsauffassung festhalte. Das OVG Thüringen habe schon nach dem Wortsinn einen klagbaren Anspruch nicht ausmachen können, da der Hilfsbedürftige „im Wege der Fürsorge, der Unterstützungen, der Hilfe nur Leistungen" erhalte, auf die kein Rechtsanspruch bestehe. Hieran ändere weder die gesetzliche Normierung, das Beschwerderecht, noch die Hessische Verfassung etwas. In Artikel 28 Absatz 3[143] der Hessischen Verfassung sei lediglich die Arbeitslosenversicherung geregelt. Hinsichtlich der Fürsorge sei in der Verfassung nichts bestimmt worden, aus ihrer sozialen Tendenz als allgemeiner Grundrichtung könne nicht auf die Einräumung eines Anspruchs auf Fürsorge geschlossen werden. Eine Änderung der bisherigen Rechtslage hätte nach Ansicht des Gerichts einer ausdrücklichen Regelung in der Verfassung bedurft, wie es in der Bayerischen Verfassung geschehen sei. Eine Anfechtungsklage könne in Hessen jedoch mangels eines subjektiven Rechts nicht erfolgreich sein.

141 DÖV 1949, S. 877.

142 Vom 09.04.1946, s.o. C. I. 1. a).

143 Art. 28 Abs. 3 der Hessischen Verfassung lautet: „Wer ohne Schuld arbeitslos ist, hat Anspruch auf den nötigen Unterhalt für sich und seine unterhaltsberechtigten Angehörigen. Ein Gesetz regelt die Arbeitslosenversicherung."

## 2. Bejahende Entscheidungen

Einen Rechtsanspruch auf Fürsorge anerkennend entschieden hingegen der Bayerische VGH am 08.03.1949[144], das OVG Münster am 13.04.1950[145], das Hamburger OVG am 22.01.1951[146], das OVG Lüneburg am 05.12.1951[147], das OVG Berlin am 29.06.1951[148], der VGH Stuttgart am 15.01.1953[149] und das LVG Rheinland-Pfalz mit seiner Entscheidung vom 26.11.1953[150].

Schließlich markierte die Entscheidung des Bundesverwaltungsgerichts vom 24. Juni 1954 den Schlusspunkt dieser Entwicklung. Sie beendete die divergierende Rechtsprechung der verschiedenen Oberverwaltungsgerichte. Nach diesem Urteil schloss sich auch das Hessische VGH durch Senatsbeschluss am 15.11.1955[151] explizit der neuen Rechtsansicht an.

Das OVG Münster zog für die Bejahung des Anspruchs hauptsächlich das Grundgesetz heran und berief sich auf Art. 2 II, 19 IV und 28 I GG. Zudem wurde im Blick auf die neu geschaffene Verwaltungsgerichtsbarkeit argumentiert, der zufolge die Verletzung eines Individual-Interesses für die Klagebefugnis genüge. Ebenfalls mit den Regelungen des Grundgesetzes argumentierte das OVG Hamburg, das zusätzlich auf Art. 20 GG hinwies. Der Bayerische VGH ebenso wie der VGH Stuttgart stützten sich hingegen hauptsächlich auf die Landesverfassungen, hinzu trat hier der Verweis auf die geänderten sozialen Verhältnisse nach 1945. Auch das OVG Berlin stützte sich auf Bestimmungen der Landesverfassung, aus denen sich ein Rechtsanspruch auf soziale Unterstützung unmittelbar ergebe. Eines Rückgriffs auf Regelungen des Fürsorgerechts bedurfte es nach Auffassung des OVG Berlin zur Beantwortung der Frage nach einem klagbaren Rechtsanspruch daher nicht mehr. Zwar handle es sich bei dem Fürsorgerecht noch um reichsrechtliche Vorschriften, die Anwendung von Bestimmungen der jeweiligen Landesverfassungen stehe dem jedoch nicht entgegen, da die fürsorgerechtlichen Bestimmungen vorkonstitutionelles Recht darstellten. Auch die Argumentation des VGH Stuttgart, nach welcher verfassungsrechtliche Regelungen des Landes durch einfachgesetzliche Regelungen

144 DÖV 1949, S 375.
145 DÖV 1950, S. 718.
146 DÖV 1951, S. 330.
147 DVBl, 1952, S. 772.
148 DÖV 1953, S. 375.
149 DÖV 1953, S. 376.
150 NDV 1954, S. 351.
151 NJW 1956, S. 397.

des reichsrechtlichen Fürsorgerechts konkretisiert würden, ist aus diesem Grund unproblematisch.

a) Bayerischer VGH vom 08.03.1949

Der Bayerische VGH stellte fest, dass „hilfsbedürftige Personen in Bayern entsprechend den Grundsätzen der Bayerischen Verfassung einen Rechtsanspruch auf Gewährung öffentlicher Fürsorge“ haben. Wie weit der verwaltungsrechtliche Schutz der Hilfsbedürftigen, insbesondere im Hinblick auf die hierin liegenden Verwaltungsermessensentscheidungen reiche, müsse durch die Rechtsprechung abgegrenzt werden.

Das Gericht führte aus, dass zwar eine zustimmende Ansicht bis zum Entscheidungszeitpunkt nur vereinzelt[152] vertreten worden sei[153], die Rechtsentwicklung gleichwohl schrittweise eine eigene Rechtsstellung des Hilfsbedürftigen und die Verteidigung dieser Rechtsstellung durch ihn selbst zumindest im Verwaltungswege anerkannt habe.

Dass § 3 Abs. 2 der Reichsfürsorgeverordnung es den Ländern überlasse, „Verfahren, *Beschwerde* und Aufsicht“[154] im Rahmen der Reichsvorschriften zu regeln, zeige die Anerkennung der Notwendigkeit einer Beschwerde des Hilfsbedürftigen. Auch die bayerische Verwaltungsverordnung vom 12.01.1925 habe dem Hilfsbedürftigen gegen die Vorentscheidung des Vorsitzenden des Spruchausschusses das Einspruchsrecht eingeräumt; gegen den Einspruchsbescheid konnte der Hilfsbedürftige die Staatsaufsicht anrufen. Im Abänderungsgesetz zur RFV vom 08.06.1926 sei in § 3 Abs. 3 (neue Fassung) ebenfalls festgelegt, dass gegen Ablehnung der Fürsorge sowie gegen Festsetzung ihrer Art und Höhe Beschwerde zugelassen werden müsse. Durch Art. 30 des Bayerischen Fürsorgegesetzes vom 14.03.1930 sei die förmliche Verwaltungsbeschwerde des Hilfsbedürftigen zur Staatsaufsichtsbehörde ausdrücklich normiert, ebenso durch die 2. Notverordnung vom 05.06.1931 in § 3a Abs. 4 RFV die schriftliche Bescheiderteilung mit Angabe von Gründen für den Einspruchsbescheid und das Beschwerderecht gegen diesen zwingend vorgeschrieben worden. Auch habe das Baye-

152 Diefenbach, ZfH 1926, S. 477.

153 Nach allgemeiner Auffassung hatte der Hilfsbedürftige nach dem Unterstützungswohngesetz vom 30.05.1908 und dem Bayerischen Armengesetz vom 21.08.1914 nur den allgemeinen Rechtsbehelf der Anrufung der Staatsaufsichtsbehörde.

154 Hervorhebung im Original.

rische Fürsorgegesetz in der Fassung vom 23.05.1939 in Art. 20 Abs. 2 und 3 das Einspruchs- und Beschwerdeverfahren beibehalten.

Das Gericht ließ aus der Tatsache, dass dem Hilfsbedürftigen zwar die Verwaltungsbeschwerde, nicht aber der verwaltungsgerichtliche Schutz zugebilligt worden sei, einen negativen Rückschluss auf die Existenz des Rechts auf Fürsorge nicht zu. Zur Begründung führte es aus, dass das Bayerische Gesetz über die Errichtung eines VGH vom 08.08.1878 diejenigen Angelegenheiten, in denen Verwaltungsrechtsschutz gegeben sein soll, einzeln aufzählte. Auch aus Art. 107 der Weimarer Verfassung konnten keine Rückschlüsse auf die Verfolgbarkeit eines Anspruchs gezogen werden.

Der Bayerische VGH erkennt aus diesen Regelungen den Willen des Gesetzgebers, „die rechtliche Stellung des Hilfsbedürftigen [nicht mehr auf der Stufe zu belassen], auf der er lediglich als Objekt des Verfahrens in Fürsorgesachen galt, sondern ihm die Macht [einzuräumen], seinen Anspruch wenigstens eine Strecke weit in einem Rechtsverfahren selbst zu verfolgen". Die Rechtsentwicklung sei zunehmend dazu übergegangen, die fürsorgerechtlichen Leistungen und das materielle Fürsorgerecht zu „normen" und die mit der Durchführung betrauten Stellen, vor allem durch die Einführung von Richtsätzen, enger zu binden. Insgesamt sei die Zeit vor Inkrafttreten des VGG gekennzeichnet durch das Bestehen eines besonders geregelten Rechtsschutzes mit einer zunehmenden Einschränkung des Ermessens der Fürsorgeträger.

Zwar seien nach Ende des 2. Weltkriegs die alten Gesetze bis zur ausdrücklichen Neuregelung aufrecht erhalten geblieben, das Staatsleben hingegen sei von einem „neuen Geiste getragen, dem vor allem das rechtsstaatliche und soziale Denken eigen" sei. Dies zeige sich insbesondere in dem neuen VGG, durch das jeder Bürger ermächtigt sei, gegen jeden Verwaltungsakt mit der Anfechtungsklage vorzugehen. Neue Rechte seien durch das VGG nicht geschaffen worden, im Zweifel sei aber nach der Wertung des Gesetzgebers von dem Bestehen eines Rechts auszugehen, insbesondere da die in Rede stehende Rechtsstellung in den Bereich einer tragenden Idee des neuen Staates, der Grundforderung nach sozialer Fürsorge falle.

Mit dem rechtsstaatlichen und sozialen Gedanken des Grundgesetzes sei es daher unvereinbar, wenn durch die bayerische AusführungsVO Nr. 85 zum VGG, die die Möglichkeit der Verwaltungsbeschwerde im Hinblick auf die Geltung des VGG außer Kraft setzt, der Hilfsbedürftige nunmehr schlechter gestellt wäre.

Weiterhin ergebe sich ein Rechtsanspruch des Bedürftigen auch aus der Bayerischen Verfassung. Gemäß Art. 3 sei der bayerische Staat ein „Rechts-

und ... Sozialstaat", was die „Organe des Staates und seine Körperschaften verpflichte, [...] den Absichten des Gesetzgebers Rechnung zu tragen" und dies bei der Wahrnehmung ihrer (Ermessens-) Aufgaben berücksichtigen. Eine Anerkennung des Rechtsanspruches auf Gewährung von Fürsorge und eines verwaltungsgerichtlichen Schutzes entspreche diesem Grundsatz. Eine besondere Betonung dieser Aufgaben erfolge in Art. 125 und 168 der bayerischen Verfassung[155], die „Rückhalt und Stütze für die Annahme eines Rechts auf Fürsorge" böten.

Mit dem Verständnis eines modernen Rechts- und Sozialstaats sei es unvereinbar, Hilfsbedürftige in eine rechtliche Stellung zurückzudrängen, bei der sich eine Anwartschaft auf Fürsorgeleistungen nur als Reflexwirkung aus der Verpflichtung der Fürsorgeverbände dem Staat gegenüber ergebe. Besonders ins Gewicht fielen bei diesen Erwägungen des Gerichts auch die Folgen des Krieges, die den „Kreis der Hilfsbedürftigen erheblich erweitert" hätten.

Nach den Ausführungen des Bayerischen VGH sei es „nicht angängig, dem Hilfsbedürftigen den Anspruch auf den notwendigen Lebensbedarf und damit die Anfechtungsklage vorzuenthalten". Es handle sich bei der Ablehnung von Fürsorgeleistungen um einen Verwaltungsakt, der mit der Anfechtungsklage angegriffen werden könne. Dem könne auch die Tatsache nicht entgegenstehen, dass es sich bei den Einzelheiten der Fürsorgeleistung um Ermessensentscheidungen handle, die das Verwaltungsgericht gem. § 36 VGG nur eingeschränkt überprüfen dürfe. Das Gericht führt weiterhin aus, dass es sich der „praktischen Schwierigkeiten", die sich aus der Entscheidung für Verwaltung und Verwaltungsgerichte ergeben, bewusst sei, es letztlich aber Sache der Rechtsprechung sei, den Umfang des

155 **Artikel 125:**
(1) Gesunde Kinder sind das köstlichste Gut eines Volkes. Jede Mutter hat Anspruch auf den Schutz und die Fürsorge des Staates.
(2) Die Reinhaltung, Gesundung und soziale Förderung der Familie ist gemeinsame Aufgabe des Staates und der Gemeinden.
(3) Kinderreiche Familien haben Anspruch auf angemessene Fürsorge, insbesondere auf gesunde Wohnungen.
**Artikel 168:**
(1) Jede ehrliche Arbeit hat den gleichen sittlichen Wert und Anspruch auf angemessenes Entgelt. Männer und Frauen erhalten für gleiche Arbeit den gleichen Lohn.
(2) Arbeitsloses Einkommen arbeitsfähiger Personen wird nach Maßgabe der Gesetze mit Sondersteuern belegt.
(3) Jeder Bewohner Bayerns, der arbeitsunfähig ist oder dem keine Arbeit vermittelt werden kann, hat ein Recht auf Fürsorge.

Schutzes, insbesondere hinsichtlich des Verwaltungsermessens, näher zu konkretisieren.

Die geschilderten Ausführungen im Urteil zu dem gewandelten Verständnis des Staates als Rechts- und Sozialstaat sind in ihrer Zusammenschau mit den grundrechtlichen Bestimmungen des Grundgesetzes und der Landesverfassung sowie ihren Auswirkungen auf einfachgesetzliche Vorschriften bemerkenswert, da in ihnen das Verständnis von Grundrechten als Teilhaberechte angelegt ist. Diese Argumentation sollte von einigen der anderen Verwaltungsgerichte aufgegriffen werden und schließlich auch in der Fürsorgeentscheidung des Bundesverwaltungsgerichts eine tragende Rolle spielen.

Aus der sich direkt an die Wiedergabe des Urteils anschließenden Anmerkung[156] von Weinmayer wird ersichtlich, dass diese Entscheidung nicht auf ungeteilte Zustimmung gestoßen ist. Dieser kritisierte vor allem, dass ein Recht des Einzelnen auf öffentliche Fürsorge nicht mit Wesen, Aufgaben und Ziel der Fürsorge vereinbar sei; schlagwortartig wies er dabei auf folgende Aspekte hin: „Möglicher rascher Wechsel in den Voraussetzungen für die Fürsorgegewährung (gleitender Anspruch) – Pflicht der Fürsorgeverbände zur fortlaufenden Überprüfung der maßgeblichen Verhältnisse, also auch nach erfolgter Klagestellung – regelmäßige Eilbedürftigkeit der Fürsorgesachen – etwaiger Anspruch auf Nachzahlung von Fürsorgeleistungen – Rückwirkungen auf die Ersatzpflicht des Unterstützten, der Ehegatten und Eltern sowie Erben des Unterstützten – mehr oder minder summarisches Verfahren bei Massennotständen – Lähmung des Selbsterhaltungswillens – Hemmung der Geberfreudigkeit Dritter und dergleichen“. Auch wurde die Vermutung geäußert, Erwägungen dieser Art hätten den Reichsgesetzgeber davon abgehalten, den Anspruch mit verwaltungsrichterlichem Schutz auszustatten. Zudem sei fraglich, ob dem Hilfsbedürftigen durch Eröffnung des Verwaltungsrechtsweges tatsächlich mehr gedient sei als mit der förmlichen Verwaltungsbeschwerde, da der Verwaltungsweg einfacher, kürzer und effektiver sei. Die Verwaltungsbeschwerde habe deswegen unverkennbare Vorteile für sich, da die Beschwerdebehörde die angefochtene Entscheidung nach freiem Ermessen ändern und hierbei, entgegen dem Verwaltungsgericht, neu eingetretene Umstände berücksichtigen könne.

Im Übrigen sei das Verwaltungsgericht durch das Begehren des Klägers weitgehend gebunden. Für die „praktische Fürsorgearbeit“ sei „dieses Ergebnis wenig befriedigend“.

---

156 K. Weinmayer, DÖV 1949, S. 376 f.

### b) OVG Münster vom 13.04.1950

Das OVG Münster stellt in seiner Entscheidung vom 13.04.50[157] fest, dass „ein Hilfsbedürftiger in Nordrhein-Westfalen gegen den Fürsorgeverband einen mit der Klage vor den Verwaltungsgerichten verfolgbaren Rechtsanspruch auf Unterstützung [hat]“.

Die Anmerkung der Schriftleitung der DÖV in der Fußnote zum Leitsatz der Entscheidung lässt auch bei diesem Urteil eine kritische Aufnahme der Entscheidung erkennen. Sie enthielt den Hinweis, dass „der Verwaltungsrechtsweg seinerzeit bewusst nur zum Schutz subjektiver Rechte eingeführt“ und für Ermessensentscheidungen ausdrücklich ausgeschlossen worden sei. Es sei daher sehr fraglich, ob ein weiterreichendes Rechtsschutzbedürfnis „nicht eine Übertreibung“ darstelle. Für das in Frage stehende Rechtsgebiet scheine den Verfassern „die praktische Unzuträglichkeit eines erweiterten Rechtsschutzes auf der Hand zu liegen und dieser mangels besonderer Rechtsvorschrift (wie z.B. in Bayern) auch nicht geboten zu sein. Der Gesetzgeber [werde] sich noch einmal über die Grenzen des Verwaltungsrechtsschutzes den Kopf zerbrechen und ein einheitliches Recht schaffen müssen.“

In der Urteilsbegründung wird auf ein Urteil des preußischen Gerichtshofs für die Entscheidung der Kompetenzkonflikte vom 20.06.1931 als Ausgangspunkt für die weitere Entwicklung des Fürsorgerechts hin zu einem einklagbaren Recht des Fürsorgebedürftigen Bezug genommen. In diesem Urteil sei noch davon ausgegangen worden, dass „einem Unterstützungsbedürftigen ein im Rechtswege verfolgbarer Anspruch gegen den unterstützungsverpflichteten Fürsorgeverband niemals zustehe.“ Gleichwohl sei durch die geschichtliche Entwicklung diese Ansicht nicht mehr haltbar, da durch die neue Gesetzgebung zur Verwaltungsgerichtsbarkeit und die Einführung der Generalklausel (§ 23 MRVO Nr. 165) „eine völlig andere Lage herbeigeführt“ worden sei. In dieser sei „nie von *subjektiven öffentlichen Rechten*[158] die Rede, deren Verletzung ein Recht zur Anfechtung des Verwaltungsaktes geben soll“, sondern lediglich von einer Verletzung „in seinen Rechten“. Dem OVG erscheint eine derart einschränkende Interpretation, die sich „auf die nicht unbestrittene Lehre von den subjektiven öffentlichen Rechten“ stütze, bedenklich und unbegründet. Es nimmt Bezug

157 DÖV 1950, S. 718.

158 Hervorhebung im Original.

auf zwei Kommentare[159], in denen die Regelung ebenfalls in der Weise interpretiert wird, dass es sich lediglich um einen Eingriff in den „vom Rechte anerkannten Lebenskreis des klagenden Individuums" handeln müsse und unter den in der Vorschrift genannten Rechten „jedes vernünftigerweise einen Rechtsschutz verdienende Individual-Interesse" zu verstehen sei. Der Senat vertritt die Ansicht, dass die Formulierung des § 23 MRVO 165 lediglich dem Ausschluss von Popularklagen dienen solle. Auch ergebe sich aus Art. 19 Abs. 4 S. 1 GG, dass die frühere Auffassung nicht mehr tragbar sei. Diese Bestimmung gelte vor allem für die Grundrechte, die jedoch keineswegs nur subjektive öffentliche Rechte und in Art. 2 Abs. 2 S. 1 GG auch das *„Recht auf Leben und körperliche Unversehrtheit"*[160] umfassen. Dieses in Art. 2 Abs. 2 S. 1 GG normierte Recht sei nicht nur Abwehrrecht, sondern berge auch „das Recht auf Existenzsicherung in sich", bezogen auf dasjenige, was zum Weiterleben unerlässlich sei. Dass die Verweigerung der richtsatzgemäßen Unterstützung eine Verletzung des Hilfsbedürftigen „in *seinen Rechten*"[161] darstelle, entspreche der Wertung des sozialen Rechtsstaats i.S.d. Art. 28 Abs. 1 GG. „Auf jeden Fall erkennt der Senat entgegen der bisher herrschenden Lehre an, dass dem Hilfsbedürftigen durch § 23 Abs. 1 MRVO 165 ein vor den Verwaltungsgerichten mit der Klage verfolgbarer Rechtsanspruch auf die Gewährung der in den Reichsgrundsätzen und den Fürsorgerichtsätzen der Länder festgesetzten Unterstützung zusteht." Angesichts von „unermessliche[m] Flüchtlingselend und großer sozialer Not" könne es nicht angehen, dass die Rechtskontrolle auf einem so wichtigen und aktuellen Gebiete ausgeschaltet bleibe.

Das Urteil des OVG Münster stellte noch differenzierter als die etwa ein Jahr zuvor ergangene Entscheidung des bayerischen VGH auf die Wertungen des Grundgesetzes ab, insbesondere auf dessen Bekenntnis zum sozialen Rechtsstaat. In Zusammenschau mit Art. 2 GG nahm es ein Recht auf Existenzsicherung an, mithin kein reines Abwehrrecht, sondern ein Recht auf positives Tun des Staates.

---

159 Max v. Brauchitsch, Preußische Verwaltungs-Gesetze, Band 1, 24. Auflage Berlin: Heymann 1925, S. 221, und Paulus van Husen, Gesetz über die Verwaltungsgerichtsbarkeit in Bayern, Baden-Württemberg und Hessen (DLG). Kommentar. Stuttgart: Poeschel 1947, S. 36. (Zitiert nach Urteil OVG Münster.).

160 Hervorhebung im Original.

161 Hervorhebung im Original.

### c) OVG Hamburg vom 22.01.1951

Das Hamburger OVG stützte in seiner Entscheidung vom 22.01.1951[162] den Rechtsanspruch des Fürsorgebedürftigen auf Art. 2 Abs. 2 Satz 1 GG. Dieser Verfassungssatz sei unmittelbar anwendbares Recht, das dem einzelnen Staatsbürger subjektive öffentliche Rechte gewähre. Das Recht auf Leben und körperliche Unversehrtheit könne auch einen positiven Inhalt haben.

Da die dem Art. 1 Abs. 3 GG nachfolgenden Grundrechte unmittelbar geltendes Recht seien, müsse Art. 2 Abs. 2 S. 1 GG mehr als ein reines rechtspolitisches Postulat sein, denn eine bloß programmatische Erklärung wäre nicht Wille des Gesetzgebers gewesen. Andernfalls wäre sie vor den Grundrechtsartikeln platziert worden. Auch spreche Art. 19 Abs. 2 GG für diese Qualifizierung, da dieser eine Sanktionsmöglichkeit enthalte, die andernfalls keinen praktisch wirksamen Inhalt hätte, und ein „Wesensgehalt", der „angetastet" werden könne, ebenfalls nicht existierte. Anhand des Wortlauts sei erkennbar, dass der Gesetzgeber an subjektive Rechte gedacht habe, da die Formulierung „Recht auf" in der deutschen Rechtssprache nur verwendet würde, wenn ein subjektives Recht gemeint sei.

Das subjektiv-öffentliche Lebensrecht des Einzelnen sei mehr als ein bloßes Abwehrrecht und könne unter Umständen auch ein Recht auf positives Tun normieren, nämlich in Gestalt der Hilfe, die zur Erhaltung des Existenzminimums nötig sei. Stellte Art. 2 Abs. 2 GG nur ein Abwehrrecht dar, wäre die Bestimmung von geringer Bedeutung, da es bereits nach dem ersten Absatz unzulässig sei, die freie Entfaltung des einzelnen Staatsbürgers zu hemmen.

Auch Art. 20 GG stütze diese Auslegung, da besagte Bestimmung selbst zwar kein subjektives Recht gewähre, sondern die „Grundhaltung des ganzen Verfassungswerkes" widerspiegle und vorgebe, in welchem Geist andere Verfassungsbestimmungen auszulegen seien. Insbesondere dem Sozialstaatsprinzip entspreche es, dem Staatsbürger nicht nur Abwehrrechte wie im liberalen Staat individualistischer Prägung, sondern auch Rechte auf positiven Schutz zu gewähren.

Von Bedeutung sei ferner das Rechtsstaatsprinzip mit der in Art. 20 Abs. 2 und 3 verankerten Gewaltenteilung. Nach dieser Bestimmung gebe es „keinen Zweig hoheitlicher Verwaltung, der nicht durch unabhängige, im Auftrag des Volkes tätige Gerichte kontrolliert" werde. Der gerichtliche Rechtsschutz solle nach der Idee des GG lückenlos sein. Nur die Anerken-

162 DÖV 1951, S. 330.

nung eines Rechts auf Fürsorgeunterstützung verhindere, dass ein wichtiger Zweig der öffentlichen Verwaltung der verwaltungsrichterlichen Beurteilung entzogen werde und mache es möglich, im Interesse des Einzelnen gerichtliche Kontrolle auszuüben.

Dass ein solches Recht in der Weimarer Republik nicht anerkannt war, spiele keine Rolle mehr, da das Grundgesetz den einzelnen Staatsbürger in stärkerem Maße schützen wolle als dies in der Weimarer Verfassung der Fall gewesen sei. Insbesondere nach den Erfahrungen, die die Bevölkerung während des Nationalsozialismus machen musste, habe der Gesetzgeber eine Verstärkung des Schutzes für nötig gehalten.

Das OVG Hamburg setzte sich in seiner Entscheidung auch mit den bisher ergangenen Entscheidungen des OVG Münster, dessen Auffassung es im Ergebnis teilte, und des Bayerischen VGH auseinander, welche sich, ebenso wie die Entscheidung des VGH Hessen, auf Landesrecht stützte. An der ablehnenden Entscheidung des Hessischen VGH kritisierte das OVG Hamburg, dass das Gericht nicht die erforderlichen Schlüsse aus dem GG gezogen habe.

Es wird deutlich, dass vor allem die Argumentation des Bayerischen OVG und des OVG Münster zur Zusammenschau des Grundrechts auf Leben und körperliche Unversehrtheit übernommen und fortentwickelt wurde. Aus den Grundrechten als Abwehrrechten könne sich ein Anspruch auf positives Tun ergeben, Grundrechte wurden nach dieser Auffassung als Teilhaberechte gedacht, aus denen sich konkrete Rechtsfolgen ergeben sollten. Diese Auffassung wird heute als überholt gelten können, da sich die Grundrechte nach heute überwiegender Auffassung nicht als „*Teilhaberechte* im Sinne individueller Rechte auf Beteiligung an staatlichen Leistungen qualifizieren lassen".[163]

Das Gericht stellte fest, dass die Meinungen im Schrifttum geteilt seien, die für die Gegenansicht vorgebrachten Argumente jedoch nicht zu überzeugen vermögen.[164] Diese Argumente ließen sich im Wesentlichen in drei Gruppen unterteilen: Erstens werde geleugnet, dass Art. 2 GG beweiskräftig sei, da der Grundgesetzgeber bei der Formulierung noch nicht einmal daran gedacht hätte, die Todesstrafe abzuschaffen und überdies zweifelhaft sei, ob der Artikel auch das keimende Leben schützen solle. Zweitens wür-

163 Konrad Hesse, Grundzüge des Verfassungsrechts der Bundesrepublik Deutschland. 20., neubearb. Aufl. Heidelberg: C.F. Müller 1995, Rz. 289 (Hervorhebung im Original).

164 Hier wird auf die Ausführungen von Patzig, NJW 1952, 62 sowie Held, DÖV 1951, 8, 10 Bezug genommen.

den Rückschlüsse aus dem bisherigen Fürsorgerecht gezogen und drittens die praktischen Folgen der Anerkennung eines Anspruches auf Fürsorgeunterstützung als unerträglich kritisiert.

Das Bestreben, mit solchen Gesichtspunkten die Verbindlichkeit des Art. 2 GG zu bestreiten, stelle einen sogar dem Gesetzgeber verwehrten Versuch dar, den Wesensgehalt eines Grundrechts anzutasten. Der erste Einwand sei in sich unschlüssig, da der Gesetzgeber durch Art. 102 GG die Abschaffung der Todesstrafe klargestellt habe. Auch folge aus der Zweifelhaftigkeit hinsichtlich des Schutzes des keimenden Lebens durch Art. 2 GG nicht, dass dieser auch in anderer Hinsicht zweifelhaft sei.

Die Rückschlüsse, die aus dem bisherigen Fürsorgerecht gezogen würden, seien schon deswegen ohne Gewicht, weil Art. 2 GG die höherrangige und später erlassene Vorschrift darstelle. Auch sei die Ansicht, verwaltungsgerichtliche Kontrolle vertrage sich nicht mit dem Grundsatz der „Individualität“ der Fürsorgeleistung, keineswegs überzeugend, da sich hieraus allenfalls eine beschränkte gerichtliche Überprüfbarkeit im Rahmen von Ermessensentscheidungen ergebe. Auch früher sei nicht behauptet worden, dass die Rechtsprechung des Bundesamtes für Heimatwesen mit dem Grundsatz der individuellen Leistung im Fürsorgerecht unverträglich sei. Die Möglichkeit zur Unterstützung gegen den Willen des Hilfsbedürftigen schließe die Anspruchsqualität ebenso wenig aus wie die des Beamten auf Gehalt, bei dem es sich trotz der Unverzichtbarkeit anerkanntermaßen um einen Anspruch handle. Dass zwischen dem vorläufig verpflichteten Fürsorgeverband und dem Hilfsbedürftigen kein Rechtsverhältnis und daher kein Anspruchsverhältnis bestehe, sei erst noch zu beweisen und daher eine *petito principii*.

Wenn schließlich im Hinblick auf die praktischen Folgen vorgebracht werde, es gäbe nicht genug öffentliche Mittel und Richter, um alle strittigen Ansprüche zu entscheiden, handle es sich dabei um finanz- und rechtspolitische Überlegungen, die den Fürsorgeverband nicht berechtigten, vom Gesetz abzuweichen. Die Richtigkeit solcher Prognosen sei immer ungewiss, und für die gegenteilige Annahme spreche, dass die Fürsorgeverbände auch bisher verpflichtet gewesen seien, allen Hilfsbedürftigen in ausreichendem Maß zu helfen, so dass künftig keine anderen Verpflichtungen als bisher zu erfüllen seien. Durch die Verstärkung des „Reflexrechts“ zum subjektiven Recht sei weder der Kreis der Leistungsempfänger noch der Umfang der zu erbringenden Leistungen gewachsen.

Zu dieser Entscheidung folgt eine Anmerkung[165] von Held, in der dieser aus verfassungs- und verwaltungsrechtlicher Perspektive scharfe Kritik an der Entscheidung übte.

Sozialpolitik und die Regelung von Massenphänomenen wie die Hilfsbedürftigkeit von Teilen der deutschen Bevölkerung seien „Sache der gesetzgebenden Gewalt, nicht der Gerichte". Solange der gerichtliche Rechtsschutz noch nicht lückenlos sei, habe „nur der Gesetzgeber die Befugnis, den nach geltendem Recht noch nicht vorhandenen materiellrechtlichen Fürsorgeanspruch zu schaffen". Überdies sei Art. 19 Abs. 4 GG auch im beamtenrechtlichen und kirchenverwaltungsrechtlichen Bereich nicht anwendbar[166], so dass von einer lückenlosen Rechtskontrolle keine Rede sein könne. Selbst ohne materiellrechtlichen Fürsorgeanspruch sei ein Rechtsschutz für den Hilfsbedürftigen in Gestalt anderer Klagemöglichkeiten denkbar, wenn der Gesetzgeber in Zukunft einen solchen Anspruch versagen wolle. Trotzdem sei in die Überlegungen einzubeziehen, dass eine solche lückenlose Rechtskontrolle „bei einer wirklich guten öffentlichen Verwaltung mit täglich und stündlich im Geiste der Verfassung handelnden Beamten und Angestellten des öffentlichen Dienstes [...] nicht so dringlich [sei]".

In seinem in der Entscheidung zitierten Aufsatz[167] sei Held „zu dem Ergebnis gekommen, dass sich weder aus rechtsgeschichtlichen noch aus verfassungs- und verfahrensrechtlichen Gründen ein materiellrechtlicher Fürsorgeanspruch herleiten" lasse. Dies entspreche der herrschenden Meinung zum geltenden Fürsorgerecht und sei erneut herauszustellen, da unter Bezugnahme auf diese Rechtsansicht im Kontext des Urteils „die Begründung einen ungenauen und polemischen Charakter" erhalte. Dieser Eindruck werde durch die Umdeutung der „praktischen Folgen", die der Verfasser „lediglich den in Urteilen als Argumente unzulässigen politischen Postulaten und de lege ferenda-Erwägungen gewisser Entscheidungen entgegengehalten habe", als Argument gegen den Fürsorgeanspruch noch verstärkt. Die Auseinandersetzung und Ablehnung seiner Argumentation in den Urteilsgründen kontert Held mit der Aussage, die Polemik nehme in der Urteilsbegründung Formen an, die der Verfasser „beim Studium von

165 DÖV 1951, S. 331.

166 Zur Diskussion um „besondere Gewaltverhältnisse", einem heute eher differenziert betrachteten Begriff, vgl. z. B. Hesse, Verfassungsrecht, Rz. 322 ff; affirmativ z. B. noch Forsthoff, Verwaltungsrecht 1, S. 116 ff.

167 DÖV 1951, S. 8.

in- und ausländischen Entscheidungen im Lauf von 30 Jahren kaum vorgefunden habe".

Das Urteil folge in seiner Begründung der Auffassung und Auslegungsmethode Naumanns, die der Verfasser bereits in dem erwähnten Aufsatz abgelehnt habe. Dass Art. 2 GG unmittelbar geltendes Recht sei, werde von niemandem bestritten, dies gelte aber nur für das Grundrecht als solches, nicht auch „für die hieraus hergeleiteten Ansprüche, solange diese nicht vom Gesetzgeber gesetzeskräftig bestimmt" worden seien. Gerade weil die Bundesrepublik ein Rechtsstaat mit Gewaltenteilung sei, dürfe die rechtsprechende Gewalt nicht in die Zuständigkeiten der Legislative übergreifen und aus dem Recht auf Leben einen materiellrechtlichen Fürsorgeanspruch konstruieren. Allenfalls könnte das OVG eine Normenkontrolle beim Bundesverfassungsgericht anstrengen, um so die Vereinbarkeit des geltenden Fürsorgerechts mit Art. 2 GG überprüfen zu lassen.

Held lehnt die Heranziehung von Grundrechten zur Begründung eines Anspruchs auf positives Tun ab, indem er ausführt, das Grundrecht auf Leben und körperliche Unversehrtheit sei ein subjektives öffentliches Recht, das „Freiheit von Eingriffen des Staates usw. in das Leben", d.h. vor allem Schutz vor ungesetzlicher Tötung (z.B. Euthanasie, Todesstrafe) und verletzenden Eingriffen (z.B. Zwangssterilisierung, Zwangsexperimente am Menschen, Einsatz eines Wahrheitsserums) bedeute. Nirgends sei die Rede davon, dass dieses Recht Ansprüche auf konkrete Leistungen beinhalte, im Gegenteil sei die zunächst vorgesehene Bestimmung, „Keinesfalls darf das Mindestmaß der zum Leben notwendigen Nahrung, Kleidung und Wohnung verweigert werden", im Hauptausschuss des Parlamentarischen Rates gestrichen worden. Ein Recht auf Nahrung, Kleidung und Wohnung in Art. 2 GG sei daher nicht verfassungsmäßig gewährleistet.

Die Behauptung des OVG, der Rechtsreflex des Hilfsbedürftigen sei zum subjektiven Recht verstärkt worden, sei demnach weder erwiesen noch ausreichend begründet und stelle in der Tat eine *petito principii* dar. Es sei nicht Sache der Rechtsprechung, aus Verfassungsbestimmungen mit angeblich geringer Bedeutung durch extensive Auslegung und „allgemeinen Erwägungen" bedeutendere Verfassungsnormen zu generieren. Held bemüht zur Bekräftigung seiner Ausführungen – „die Gerichte sollen Recht sprechen und [...] dem Gesetzgeber [...] geben, was des Gesetzgebers ist" – sogar biblische[168] Referenzen, was der Überzeugungskraft seiner durchaus berechtigten Einwände nicht förderlich ist.

---

168 Lukas 20:25, Matthäus 22:21.

Eine Argumentation aus „allgemeinen Erwägungen [und] dem Geist des sozialen Rechtsstaates“ führe zu politischen und nicht zu Gesichtspunkten und Erwägungen des geltenden Rechts. Auch aus Art. 28 Abs. 1 GG folge nichts Anderes, da es sich hierbei um Normativbestimmungen für die Verfassung der Einzelstaaten handle, „keineswegs aber Vorschriften für den Richter zur Schaffung von öffentlich-rechtlichen Ansprüchen im Einzelfall“ darstellen. Im Übrigen müsse „der soziale Rechtsstaat [...] in und aus der öffentlichen Verwaltung selbst verwirklicht werden“ und nicht „durch die Erzeugung immer neuer Ansprüche gegen die Verwaltung aus allgemeinen Begriffen und Vorstellungen.“

Auch betonte der Verfasser, dass in seinem Aufsatz eine Rechtsbeziehung zwischen Fürsorgeverband und Hilfsbedürftigen durch die Tatsache der Hilfsbedürftigkeit und Ortsanwesenheit verneint und die Auffassung vertreten werde, ein solches Rechtsverhältnis begründe sich durch Verwaltungsakt.

#### d) OVG Lüneburg vom 05.12.1951

Das OVG Lüneburg stellte in seiner Entscheidung vom 05.12.1951 klar, dass an der Rechtsauffassung, dem Hilfsbedürftigen stehe ein vor den Verwaltungsgerichten einklagbarer Anspruch auf Fürsorgeunterstützung zu, festzuhalten sei[169]. Dies untermauerte das Gericht mit einem Hinweis auf einen Aufsatz von Schallock im Nachrichtendienst des Deutschen Vereins für öffentliche und private Fürsorge[170], dem entnommen werden könne, dass sich „selbst die Fürsorgepraxis nicht mehr der Erkenntnis zu verschließen scheint, dass einem Hilfsbedürftigen ein Recht auf Fürsorge zuerkannt“ werden müsse.

Auch aus der Entstehungsgeschichte des Art. 2 GG und den Verhandlungen des Hauptausschusses des Parlamentarischen Rates könnten keine Bedenken hiergegen hergeleitet werden. Entgegen der Auffassung der beklagten Landesregierung sei die Streichung des Satzes „Keinesfalls darf das Mindestmaß der zum Leben notwendigen Nahrung und Wohnung verweigert werden“ aus Art. 2 Abs. 2 Satz 2 GG kein Beleg dafür, dass es der Gesetzgeber bewusst und eindeutig abgelehnt habe, einem Hilfsbedürftigen einen Rechtsanspruch auf Fürsorgeunterstützung zu gewähren. Ausweislich der Protokolle der Verhandlungen des Hauptausschusses, aus de-

169 DVBl. 1952, S. 772.
170 ND 1951, S. 164; s. gleich unten.

nen das Gericht zitierte, sollte der angeführte Satz jedoch lediglich deswegen aufgenommen werden, um eine Sicherung gegen Zwangseingriffe des Staates im Rahmen der allgemeinen Bewirtschaftungsmaßnahmen zu schaffen. Da ohnehin mit dem baldigen Wegfall dieser Bestimmungen gerechnet worden sei, wäre der infrage stehende Satz zunächst in die Übergangsvorschriften verwiesen und schließlich insgesamt gestrichen worden. Auswirkungen auf das Fürsorgerecht sollten sich nach dem Willen des Ausschusses hieraus nicht ergeben, da im Fürsorgerecht das Mindestmaß des zum Leben Notwendigen ohnehin schon gewährt werde; dies sei erstens rechtlich festgelegt und zweitens entspreche es einer dauernden Übung der fortgeschrittenen Wohlfahrtspflege.

Die Kommentierung v. Mangolds im Kommentar zum Bonner Grundgesetz, Vorbemerkung zu Art. 1, S. 35 (1. Auflage), „auf die Aufstellung von Grundrechten für die kulturelle und soziale Lebensordnung sei mit Rücksicht auf die gegenwärtige Ungewissheit über alle künftige wirtschaftliche und kulturelle Entwicklung verzichtet worden“, lasse nach Wertung des erkennenden Senats ebenfalls nicht erkennen, inwiefern der Gesetzgeber durch diesen Verzicht das Recht des Staates auf soziale Fürsorge überhaupt geleugnet haben soll.

Der Senat stellt zur Begründung eines klagbaren Rechtsanspruches auf Fürsorge vor allem auf Art. 20 Abs. 1 GG ab und argumentiert, dass es mit dem Begriff eines „sozialen Bundesstaates“ „unvereinbar wäre, wollte man allein denjenigen, dem zum Leben das nötigste mangelt, der Obrigkeit [...] Gewalt d.h. in diesem Falle den Fürsorgebehörden, gegenüber völlig rechtlos stellen.“ Es sei nicht Wille des Grundgesetzgebers gewesen und mit den heutigen Grundlagen der staatlichen und sozialen Ordnung nicht vereinbar, gerade die sozial Bedürftigsten aus der Rechtsweggarantie des Art. 19 Abs. 4 GG auszunehmen.

Die Argumentation des Gerichts mit Art. 2 im Zusammenhang mit dem Rechts- und Sozialstaatsprinzip lässt die Orientierung an den Entscheidungen der OVG Münster und Hamburg deutlich werden.

Eine Schaffung neuen Richterrechts bedeute die vom Senat vertretene Auffassung nicht, vielmehr trage sie dem „Wandel der gesellschaftlichen Verhältnisse“ bei der „Auslegung des überkommenen positiven Rechts“ Rechnung.[171] Auch dem Einwand der Kostenausweitung und der „Vergeu-

171 H. Möhring, Der Anspruch auf Fürsorgeunterstützung in der Rechtsprechung der Verwaltungsgerichte, in: Der öffentliche Dienst 8/9 (1951), S. 165. S. dazu ausführlich unten in Abschnitt b).

dung der öffentlichen Mittel"[172] begegnete der Senat mit dem Hinweis, dass der Verwaltungsrichter zum einen im Rahmen seiner Kontrolle an das geltende Recht und maßgebende gesetzliche Vorschriften, insbesondere auch zur Höhe der Unterstützungsleistungen, gebunden sei, zum anderen bei der Ermessensüberprüfung die Grenzen des Art. 23 Abs. 3 MRVO Nr. 165[173] zu beachten habe. Innerhalb dessen hätten Fürsorgebehörden jedoch damit zu rechnen, in einem Rechtsstreit ihre Maßnahmen rechtfertigen zu müssen. Schließlich stellt der Senat fest, dass in Übereinstimmung mit dem Urteil des OVG Münster vom 13.04.1950 und die OVG Hamburg 22.01.1951 die Fürsorgeunterstützung vom Tage der Antragstellung an zu gewähren sei.[174]

### e) OVG Berlin vom 29.06.1951

Der Zweite Senat des OVG Berlin stellte in seinem Urteil vom 29.06.1951[175] fest, dass die Rechtslage nach der Verfassung von Berlin vom 01.09.1950 hinsichtlich des klagbaren Anspruches des Hilfsbedürftigen auf Fürsorgeleistungen vor den Verwaltungsgerichten eindeutig ist. Im Abschnitt II, der die Grundrechte normiert, bestimme Art. 12 der Berliner Verfassung, dass jedermann das Recht auf Arbeit habe und, wenn Arbeit nicht nachgewiesen werden könne, Anspruch auf Unterhalt aus öffentlichen Mitteln bestehe. Auch gewährleiste Art. 14 der Berliner Verfassung demjenigen einen Anspruch auf Lebensunterhalt aus öffentlichen Mitteln, der durch Krankheit, Alter oder andere Ursachen in Not gerate, sofern ausreichender Schutz durch die Sozialversicherung nicht gegeben sei. Der Kläger habe demnach ein in der Berliner Verfassung verankertes subjektives öffentliches Recht auf Sozialunterstützung, das er mit der Klage im verwaltungsgerichtlichen Verfahren geltend machen könne. Dass es sich bei den Grundrechten um unmittelbar anwendbares Recht handle, ergebe

172 Zu Unrecht wird mit dieser Aussage im Urteil zitiert Sieveking MDR 1951, S. 408, vgl unten Kap. 2.b).

173 § 23 Abs. 3 der MRVO Nr. 165 lautet: „Sind die Verwaltungsbehörden ermächtigt, nach ihrem Ermessen zu handeln, so kann die Anfechtung insoweit nur darauf gestützt werden, dass die gesetzlichen Grenzen des Ermessens überschritten seien, oder von dem Ermessen in einer dem Zweck der Ermächtigung nicht entsprechenden Weise Gebrauch gemacht worden sei."

174 So auch Schröder, in: Zeitschrift für das Fürsorgewesen 1951, S. 256.

175 DÖV 1953, S. 375.

sich aus Art. 23 der Berliner Verfassung.[176] Auf das Grundgesetz geht die Entscheidung nicht ein.

f) VGH Stuttgart vom 15.01.1953

Auch der VGH Stuttgart schloss sich in seiner Entscheidung vom 15.01.1953[177] der Rechtsansicht an, der Hilfsbedürftige habe einen klagbaren Anspruch auf Fürsorgeleistungen.

Zwar habe die früher herrschende Meinung aus § 1 RFV[178] den Schluss gezogen, dass ein im Verwaltungsstreitverfahren verfolgbares Recht des Hilfsbedürftigen nicht bestehe, es sich nur um ein sogenanntes „Reflexrecht", einen Gesetzesvollziehungsanspruch, gehandelt habe.[179] Der Senat sei jedoch davon überzeugt, dass spätestens seit Inkrafttreten der Württembergisch-Badischen Verfassung der Hilfsbedürftige gegen den Fürsorgeträger ein subjektiv-öffentliches Recht auf Gewährung der Fürsorge erworben habe.

Die sozialen Verhältnisse hätten sich seit dem Zusammenbruch des Deutschen Reiches von Grund auf geändert, da weite Kreise der Bevölkerung in größte Not geraten seien. Aber auch die Stellung des Einzelnen im und zum Staat sei eine andere geworden. Dass solche Entwicklungen auf die Auslegung älterer Gesetze entscheidenden Einfluss haben und zu anderen Ergebnissen führen können, sei in Rechtsprechung und Wissenschaft anerkannt. Aufgabe des Richters sei es, „unter Berücksichtigung der sozialen Wirklichkeit enge und rückständige positive Vorschriften fortzubilden".

176 Art. 23 Berliner Verfassung:
(1) Die durch die Verfassung gewährleisteten Grundrechte sind für Gesetzgebung, Verwaltung und Rechtsprechung verbindlich.
(2) Einschränkungen der Grundrechte sind durch Gesetz nur insoweit zulässig, als sie nicht den Grundgedanken dieser Rechte verletzen.
(3) Werden die in der Verfassung festgelegten Grundrechte offensichtlich verletzt, ist jedermann zum Widerstand berechtigt.

177 DÖV 1953, S. 376.

178 § 1 S. 1 Verordnung über die Fürsorgepflicht vom 13.02.1924: „Die nachstehenden öffentlich-rechtlichen Fürsorgeaufgaben sind [...] von den Landesfürsorgeverbänden und den Bezirksfürsorgeverbänden zu erfüllen."

179 Der Begriff geht wohl auf Georg Jellinek zurück; vgl. Georg Jellinek, System der subjektiven öffentlichen Rechte. Freiburg i. Br.: Mohr 1892, S. 68 ff.

Ob allein die Veränderung der sozialen Verhältnisse[180] in Zusammenhang mit der Generalklausel der Verwaltungsgerichtsbarkeit als Verfahrensvorschrift[181] ausreiche, um eine solche Änderung der Auslegung herbeizuführen, könne jedoch dahinstehen, da jedenfalls andere nach 1945 ergangene positive Vorschriften bestünden, die im Zusammenhang mit dem dargelegten Wandel für eine Änderung ausreichten:

Konkret nahm der VGH auf Art. 43 der Württembergisch-Badischen Verfassung Bezug, worin der Grundsatz des demokratischen und sozialen Volksstaats festgelegt werde. Der Staat habe vor diesem Hintergrund unter Mitwirkung des Einzelnen den schutzwürdigen Interessen des Einzelnen zu dienen und sie zu fördern. Diesem Staatsziel entspreche vor allem der Art. 24 I der Württ.-Bad. Verfassung, nach dem jeder durch Krankheit oder andere Ursachen unverschuldet in Not geratene Mensch „Anspruch auf Schutz und Hilfe durch Staat und Gemeinde hat". Hierunter falle in erster Linie die Fürsorge i.S.d. § 1 RFV. Nach dem Wortlaut des Art. 24 habe der Hilfsbedürftige einen „Rechtsanspruch" auf die Leistungen.

Eine derartige Regelung stelle eine folgerichtige Weiterbildung des ebenfalls in Notzeiten eingeführten Einspruchs- und Beschwerderechts (durch die 2. Notverordnung vom 5. Juni 1931) des Hilfsbedürftigen dar. Die Auffassung des VG Stuttgart[182], Art. 24 enthalte nur ein Programm, widerspreche nicht nur dem Wortlaut der Vorschrift, sondern auch ihrem Sinn, ihrem Zweck und ihrer Stellung innerhalb der Rechtsordnung sowie den neu eingetretenen Verhältnissen nach 1945. Die Stellungnahme des Verfassungsausschusses, man sei sich bewusst, dass Art. 24 nur ein Programm wäre, über dessen Verwirklichung in der Verfassung keine Aussagen getroffen werden könne, stehe zu der vertretenen Rechtsauffassung nicht in Widerspruch, da hiermit nur gemeint sein könne, dass die Verwirklichung des garantierten Schutzes besonderen Gesetzen vorbehalten bleibe. Besondere Gesetze in diesem Sinne stellten die RFV und die auf § 6 RFV beruhenden Reichsgrundsätze[183] dar, die das Programm des Art. 24 insofern schon verwirklicht hätten. Somit habe der Hilfsbedürftige jedenfalls nach Inkrafttreten der Württembergisch-Badischen Verfassung einen Rechtsanspruch auf Gewährung von Fürsorge, sofern eben die Voraussetzungen dafür vorlägen.

---

180 Hier nimmt der VGH Bezug auf Naumann, DVBl. 1949, S. 442.

181 Vergl. die Argumentation im Urteil des Bayerischen VGH.

182 DÖV 1950, S. 448.

183 Reichsgrundsätze über Voraussetzung, Art und Maß der öffentlichen Fürsorge vom 04.12.1924 (RGBl. I S. 765).

### g) LVG Rheinland-Pfalz vom 26.11.1953

Auch der Erste Senat des LVG Rheinland-Pfalz erkannte einen vor den Verwaltungsgerichten verfolgbaren Rechtsanspruch auf staatliche Fürsorge des Hilfsbedürftigen an. Er verwies hierzu auf die Urteile des bayerischen VGH, des OVG Münster, des OVG Hamburg, des OVG Lüneburg sowie des OVG Rheinland-Pfalz[184] und sprach schon von einer fast allgemein anerkannten Rechtsprechung und Rechtslage[185].

Der Entscheidung lag der Fall eines Arbeitslosenhilfeempfängers zu Grunde, der von Beruf Kaufmann war und sich mit der Begründung, er nehme berufsfremde Arbeit grundsätzlich nicht an, weigerte, die ihm durch das Arbeitsamt angebotene Arbeit als Lagerarbeiter anzunehmen. Daraufhin wurde die Zahlung der Arbeitslosenhilfe eingestellt, und der Kläger beantragte Unterstützung aus Mitteln der öffentlichen Fürsorge. Der Antrag des Klägers wurde mit der Begründung abgelehnt, Hilfsbedürftigkeit liege nicht vor, da der Kläger arbeitsfähig sei. Das Arbeitsamt habe ihm wiederholt Arbeitsplätze zugewiesen; mit seiner Ablehnung habe er jeglichen Unterstützungsanspruch verwirkt.

Der erkennende Senat kam zu dem Urteil, die Berufung sei zulässig und teilweise begründet. Auf die Zulässigkeit ging das Gericht nicht näher ein, sondern setzt die verwaltungsgerichtliche Klage als Rechtsschutzmöglichkeit des Hilfsbedürftigen voraus.

Der Senat führt die Rechtsgrundlagen der öffentlichen Fürsorge aus dem Reichsrecht auf und stellt fest, dass diese nach Art. 125 Nr. 1 GG Bundesrecht geworden seien. Voraussetzungen des § 5 Reichsgrundsätze (RGr) zur Anerkennung der Hilfsbedürftigkeit sei das Fehlen des notwendigen Lebensbedarfes und die Unmöglichkeit, diesen aus eigener Arbeitskraft, vorhandenem Vermögen oder Zuwendungen von dritter Seite zu beschaffen. Als Tatsachen- und Rechtsfrage sei die Hilfsbedürftigkeit vom Verwaltungsgericht uneingeschränkt überprüfbar.

Das Fehlen des notwendigen Lebensbedarfes der sechsköpfigen Familie des Klägers sei unstreitig, fraglich sei jedoch das Vorliegen der zweiten Voraussetzung, insbesondere unter dem Gesichtspunkt des Subsidiaritätsgrundsatzes. Gerade unter den Verhältnissen der Nachkriegszeit, die gekennzeichnet seien durch die Not und einen bislang kaum gekannten so-

184 Bayer. VGH, DÖV 1949, S. 375; OVG Münster, DVBl 1951, S. 84; OVG Hamburg, DVBl 1951, S. 311; OVG Lüneburg, OVGE Bd. 4, S. 224; LVG Rheinland-Pfalz, DVBl 1953, S. 151.

185 Stolleis, Geschichte des Sozialrechts, S. 218.

zialen Abstieg großer Teile der Bevölkerung, sei es einem Hilfsbedürftigen zuzumuten, Arbeit auszuüben, die er unter normalen wirtschaftlichen Verhältnissen abgelehnt hätte. Da bei der Gewährung von Fürsorge aus öffentlichen Mitteln einerseits die Verhältnisse des Hilfsbedürftigen, andererseits die Finanzlage und allgemeine Lebenshaltung des Gemeinwesens gegeneinander abzuwägen seien, könne man eine unangebrachte Voreingenommenheit des Hilfsbedürftigen bezüglich der angebotenen Arbeit nicht gelten lassen. Daher sei § 13 RGr anzuwenden, nachdem bei Arbeitsscheue die Fürsorgebehörde eine Unterstützung auch gänzlich ablehnen könne. Die Versagung der Unterstützung stelle daher weder eine Gesetzesverletzung noch einen Ermessensmissbrauch dar.

Gemäß § 13 Abs. 3 RGr sei jedoch so weit möglich zu verhüten, dass von dieser Maßnahme seine Angehörigen, mit denen er in häuslicher Gemeinschaft lebt, mitbetroffen werden. An der Hilfsbedürftigkeit der Ehefrau und der vier Kinder des Klägers bestehe kein Zweifel, so dass die öffentliche Fürsorge von sich aus Maßnahmen zur Beseitigung der Hilfsbedürftigkeit von Ehefrau und Kindern hätte ergreifen müssen. Gemäß § 2 RGr habe die Fürsorge rechtzeitig und unabhängig von einem Antrag einzusetzen.

Fraglich sei, wie der materielle Inhalt des Rechts auf Fürsorge zu bestimmen sei und wie sich das Recht mit dem Prinzip der individualisierenden Fürsorge nach § 10 RGr vertrage. Der Senat vertritt hier die Auffassung, dass bei voller Hilfsbedürftigkeit dem Hilfsbedürftigen die richtsatzmäßige Unterstützung zuzusprechen sei. Zwar seien die Richtsätze nur Maßstäbe für den Regelfall, eine gesetzliche Bindung an sie bestehe nicht und die Fürsorgebehörde könne hiervon nach pflichtgemäßem Ermessen abweichen; jedoch liege es im Interesse der Gleichheit, Abweichungen von dieser Regel nur vorzunehmen, wenn besondere Merkmale vorlägen. Merkmale, die die Annahme eines Minderbedarfs rechtfertigten, seien jedoch abgesehen von der Regelung des § 13 RGr nicht gefunden worden, so dass der Richtsatz tatsächlich den Mindestbedarf darstelle. Den Angehörigen des Klägers stehe daher die Leistung einer rechtssatzmäßigen Unterstützung zu, wobei es dem Landratsamt überlassen bleibe, Geld- oder Sachleistungen zu erbringen. Da die Hilfsbedürftigkeit der Ehefrau und der Kinder bereits zum Zeitpunkt der ersten Antragstellung des Klägers vorlag, sei Fürsorge rückwirkend zu gewähren, da andernfalls der Schutz des Verwaltungsstreitverfahrens für den Bürger hinfällig wäre. Die Dauer des Rechtsmittelverfahrens könne nicht zulasten des Hilfsbedürftigen gehen.

## II. Literatur

In der Literatur trafen die Entscheidungen auf geteiltes Echo. Insbesondere in den Urteilsanmerkungen wurde unter verfassungs- und verwaltungsrechtlichen Gesichtspunkten teilweise deutliche Kritik an der Bejahung eines Rechtsanspruchs des Hilfsbedürftigen geäußert.

### 1. Kritische Stimmen

In einem im Nachrichtendienst des Deutschen Vereins für öffentliche und private Fürsorge e.V. erschienenen Artikel vom September/Oktober 1949 mit dem Titel „Entscheidungen der Verwaltungsgerichte zur Frage des Rechtsanspruches auf öffentliche Fürsorge" nahm der Verein zu dem Urteil des bayerischen VGH vom 08.03.1949 wie folgt Stellung: Soweit der bayerische VGH ausführe, ein Rechtsanspruch stehe dem Hilfsbedürftigen auch unabhängig von den Regelungen der bayerischen Verfassung, insbesondere deren Art. 168 zu, könne diesem Standpunkt nicht gefolgt werden, da er „im Gegensatz zu der herrschenden Auffassung" stehe. Sowohl in der Literatur als auch in der Rechtsprechung[186] sei überwiegend die Auffassung vertreten, die RFV normierten lediglich eine Fürsorgepflicht der Fürsorgebehörden, der Hilfsbedürftige selber habe jedoch keinen Rechtsanspruch hierauf. Auch die „in der letzten Zeit oft gehörte Forderung nach allgemeiner sozialer Sicherheit" sei nicht geeignet, einen Rechtsanspruch entstehen zu lassen, soweit dies nicht in den speziellen Gesetzen und Verordnungen zur Fürsorge geregelt sei. Diese beruhten auf dem Grundsatz der Subsidiarität und seien daher nur allerletzte Hilfe, die sich in Art und Umfang nach dem Einzelfalle richten müsse. Dies unterscheide Fürsorgeleistungen insbesondere von Rentenansprüchen. Auch die Einführung von Richtsätzen sei lediglich als Orientierung der Fürsorgebehörden zu verstehen und gebe keinerlei Anspruch auf eine bestimmte Höhe der Leistungen. Der Artikel schließt mit dem Versuch, das Urteil zu marginalisieren, indem festgestellt wird, dass sich dessen Auswirkungen auf eine Festigung der lediglich formalen Rechtsstellung des Bedürftigen beschränkten. Die Verwaltungsgerichte seien nur insoweit für die Überprüfung einer Entscheidung der Fürsorgebehörden zuständig, als eine fehlerhafte Ermessensausübung gerügt werde.

---

186 Es wird Bezug genommen auf die Entscheidungen des VGH Bremen vom 20.1.1948 und des hessischen VGH vom 16.3.1949.

In dem Aufsatz "Fürsorgepflicht und Fürsorgeanspruch nach geltendem Verfassungs- und Verwaltungsrecht"[187] widmete sich Hermann Held der Frage, ob der fürsorgesuchende Hilfsbedürftige einen Rechtsanspruch auf öffentliche Fürsorge habe und diesen im Klagewege geltend machen könne, bzw. ob die „vereinzelt" und „im Widerspruch zur ständigen Praxis und zur herrschenden wissenschaftlichen Meinung ergangenen Entscheidungen dem geltenden Verfassungs- und Verwaltungsrecht" entsprächen.

Held argumentierte, dass Sozialpolitik und die Regelung von Massenphänomenen wie der nach dem Krieg andauernden Fürsorgebedürftigkeit von Teilen der Bevölkerung allein im Kompetenzbereich des Gesetzgebers liege; nur dieser könne den „nach geltendem Recht noch nicht vorhandenen materiellrechtlichen Fürsorgeanspruch [...] schaffen". Die Anerkennung eines Anspruchs auf Fürsorgeleistungen galt Held als Rechtsfortbildung *contra legem*, die rechtspolitischen Forderungen nachgebe, sich allerdings nicht auf gesetzgeberische Entscheidungen stützen könne.

Überdies wandte Held gegen eine Anwendbarkeit der von den Gerichten vorgebrachten Wertentscheidung des Art. 19 Abs. 4 GG die bereits aus der Urteilsanmerkung bekannten Argumente ein, dass dieser auch im beamtenrechtlichen und kirchenverwaltungsrechtlichen Bereich nicht anwendbar sei. Dem Fürsorgebedürftigen werde nach dieser Auffassung eine Stellung zuteil, die sich an eine Ausprägung der Rechtsfigur des „besonderen Gewaltverhältnisses" anlehne und von einer besonders engen Bindung an den zuständigen Dienstherren geprägt sei. Dass eine lückenlose Rechtskontrolle in diesem Bereich für nicht erforderlich gehalten würde, zeige die Aussage, dass „bei einer wirklich guten öffentlichen Verwaltung mit täglich und stündlich im Geiste der Verfassung handelnden Beamten und Angestellten des öffentlichen Dienstes [diese] nicht so dringlich [sei]"[188].

Weiterhin führte Held aus, dass Art. 2 GG unmittelbar geltendes Recht sei und dies auch von niemandem bestritten werde, doch gelte dies nur für das Grundrecht als solches, nicht auch „für die hieraus hergeleiteten Ansprüche, solange diese nicht vom Gesetzgeber gesetzeskräftig bestimmt" worden seien. Gerade weil die Bundesrepublik ein Rechtsstaat mit Gewaltenteilung sei, dürfe die rechtsprechende Gewalt nicht in die Zuständigkeiten der Legislative übergreifen und aus dem Recht auf Leben einen materiellrechtlichen Fürsorgeanspruch konstruieren. Das Grundrecht auf Leben

187 Hermann Held, Fürsorgepflicht und Fürsorgeanspruch nach geltendem Verfassungs- und Verwaltungsrecht, in: DÖV 1951, S. 8.

188 Held, Fürsorgepflicht, S. 8.

und körperliche Unversehrtheit sei ein Abwehrrecht, deswegen könnten hieraus keine Ansprüche auf konkrete Leistungen hergeleitet werden.

In seinem Aufsatz „Klagbarer Rechtsanspruch auf öffentliche Fürsorge?“[189] stellte Patzig die zu dieser Frage vertretenen Ansichten anhand der bis dahin ergangenen Urteile und damaligen Lehrbücher kurz dar. Auch nach seiner Rechtsauffassung gaben die den Anspruch anerkennenden Urteile „zu erheblichen Bedenken Anlass“. Patzig hob den Unterschied zur Sozialversicherung hervor, bei der ein Rechtsanspruch durch eine Verbindung zwischen Versicherer und Versichertem aufgrund eigener Beitragsleistungen bestehe, was bei Hilfsbedürftigem und Bezirksfürsorgeverband gerade nicht gegeben sei. Durch die bloße Ortsanwesenheit im Bezirk des zuständigen BFV sei ein Rechtsverhältnis nicht begründet, aus dem sich ein klagbarer Anspruch herleiten lasse. Die Hilfsbedürftigkeit und Angewiesenheit auf Leistungen ohne vorherige „Beitragsleistung“ des Einzelnen an die Gemeinschaft werde als Abgrenzungskriterium herangezogen um einen Rechtsanspruch zu verneinen. Die staatliche Fürsorge sei von den aus Beitragsleistungen basierenden Sozialversicherungen ausgenommen, weil sie in einem Abhängigkeitsverhältnis gründe.

Patzig problematisierte zudem, dass das OVG Münster durch seine Auslegung des Art. 2 GG in den „Bereich rechtspolitischer Forderungen vorgedrungen“ sei. Es könne nicht Aufgabe der Verwaltungsgerichte sein, das in Art. 20 GG postulierte Sozialstaatsprinzip durch Rechtsprechung zu verwirklichen. *De lege ferenda* forderte Patzig ein Sozialrecht, welches das damals geltende, „verschiedenen Quellen entspringende und völlig ineinandergeschachtelte Wohlfahrtsrecht“ durch ein „von einer klaren Grundkonzeption“ getragenes Recht ersetzte. Auch kritisierte er das Urteil des OVG Münster dahingehend, dass die Entscheidung über die Einzelheiten der Fürsorge eine Ermessensentscheidung der Behörde darstelle, die mit einem Anspruch auf Gewährung der Richtsätze, wie ihn das OVG Münster zuspricht, unvereinbar sei. Eine individualisierende Hilfe erfordere, dass den Behörden in gewissem Umfang freie Hand gegeben werden müsse. Die Geeignetheit einer Nachprüfung der von den Fürsorgebehörden ergriffenen Maßnahmen durch die Verwaltungsgerichte charakterisierte Patzig als sehr zweifelhaft, da die BFV ihren Entscheidungen lange Ermittlungen vorausschicke und konkreten Notlagen aufgrund ihrer Erfahrungen im Einzelfall gerecht würden. Den Gerichten hingegen wurde die Kompetenz zur Ermessensüberprüfung im damaligen Verständnis abgesprochen. Der

189 Werner Patzig, Klagbarer Rechtsanspruch auf öffentliche Fürsorge, in: NJW 1951, S. 62 f.

Autor ging von einer gerichtlichen Überprüfung aus, die nicht nur eine Rechtmäßigkeits- sondern auch eine Zweckmäßigkeitsprüfung vornehme. Schließlich wies Patzig einerseits auf die finanzpolitische Dimension der Entscheidungen sowie auf eine „wesentliche Beanspruchung der ohnehin überlasteten Verwaltungsgerichte" hin, die sich einer „Flut von Klagen" gegenübersähen, andererseits auf die Beschränktheit der Mittel der Bezirksfürsorgeverbände.

Der Autor schloss sich der Auffassung des VGH Hessen an, der ein formales subjektives Recht auf eine korrekte Ermessensausübung der Behörde bejahe, nicht jedoch einen darüber hinausgehenden Anspruch auf Fürsorgeleistungen. Hierfür fehle es sowohl an den rechtlichen als auch an den tatsächlichen Voraussetzungen.

Sowohl Held[190] als auch Patzig[191] wandten sich gegen die Tendenz, in den Grundrechten, vor allem in Art. 2 GG, nicht nur Abwehrrechte, sondern Rechte auf positives Tun gegenüber dem Staat abzuleiten. Die Normierung von Ansprüchen sei Aufgabe des Gesetzgebers; soweit diese nicht bestünden, könnten nicht aus den Grundrechten konkrete Ansprüche hergeleitet werden.

## 2. Befürwortende Stimmen

Mit seinem Aufsatz „Zur Frage des Rechts der Hilfsbedürftigen aus öffentliche Fürsorge" forderte Oskar Rupp[192] angesichts der divergierenden Rechtsprechung zu dieser Frage, dass es „möglich sein [sollte], ein einheitliches Recht für das ganze Bundesgebiet zu finden oder zu schaffen. Zunächst skizzierte Rupp kurz die tragenden Gründe der Entscheidungen des bayerischen VGH vom 08.03.1949 und der ablehnenden Entscheidungen des hessischen VGH vom 16.03.1949 sowie des VG Stuttgart vom 18.02.1949. Er stellte fest, dass „die gründlichen Darlegungen des bayerischen VGH im Wesentlichen wohl als richtig anerkannt werden [müssten]".[193] Durch die Erweiterung und Generalisierung des verwaltungsgerichtlichen Rechtsschutzes müsse den Hilfsbedürftigen eine gesicherte Rechtsstellung gegenüber den Fürsorgeämtern eingeräumt werden, insbe-

---

190 Held, Fürsorgepflicht, S. 8.

191 Patzig, Klagbarer Rechtsanspruch, S. 62 f.

192 Oskar Rupp, Zur Frage des Rechts der Hilfsbedürftigen aus öffentliche Fürsorge, in: DÖV 1951, 5 ff.

193 Rupp, Frage, S. 6.

sondere nach den „tief greifenden Wandlungen und wirtschaftlichen und sozialen Umschichtungen, die der Krieg und seine Nachwirkungen, zuletzt noch die fast radikale Geldabwertung, mit sich gebracht haben".[194] Der Verfasser übertrug diesen Gedanken auch auf den Geltungsbereich der Württembergisch-Badischen Verfassung und untermauerte seine Argumentation mit einer Auslegung von deren Art. 24 Abs. 1.[195] Die Vorschrift sei viel zu bestimmt, um lediglich einen Programmsatz darzustellen. Der Bericht des Verfassungsausschusses des Landtages sei hierzu widersprüchlich, daher müsse das Gesetz „so wie es dasteht, verstanden werden". Es sei zu bedenken, dass „seit der Entstehung der Verfassung im Jahre 1946 zu den Kriegsversehrten und -hinterbliebenen, Bombengeschädigten und Heimatvertriebenen durch die Geldumstellung von 1948 unzählige weitere, unverschuldet in Not geratene Menschen hinzugekommen" seien.

Es wird deutlich, dass Rupp den Anspruch von einer gerichtlichen Verschuldensprüfung der Hilfsbedürftigen abhängig machte, indem er wie folgt zwischen verschiedenen Gruppen von Hilfsbedürftigen unterschied: Dass unverschuldet in Not geratene Hilfsbedürftige „nicht lediglich auf das Gutdünken und Belieben der Fürsorgebehörden angewiesen" sein sollen, sei ohne weiteres verständlich. Ebenso verständlich sei es jedoch, „dass wer durch eigene Schuld, wie Arbeitsscheu, Trunksucht, ungeordnetes Haushalten usw. in Not gekommen ist, kein Recht auf öffentliche Fürsorge" haben könne. „Die allgemeine Verarmung des Volkes [legt] jedem einzelnen eine erhöhte soziale Verantwortlichkeit und die Pflicht gewissenhafter Vorsorge mindestens für sein eigenes Fortkommen auf." Hier wird deutlich, dass der sittliche und moralische Vorwurf der selbstverschuldeten Armut noch fest in den Wertempfindungen der Menschen verankert war und sich der Arme für seine Bedürftigkeit noch immer rechtfertigen, exkulpieren musste, um sich als gleichberechtigtes Subjekt der Fürsorge zu qualifizieren.

Um den Einwänden der Fürsorgepraxis gerecht zu werden, die Fürsorge sei flexibel, einzelfallbezogenen und wechselnden Umständen unterworfen, wies Rupp darauf hin, dass Verwaltungsgerichte und Verwaltungsbehörden nicht gegeneinander arbeiten dürften. Es habe alleine eine Rechtmäßigkeitskontrolle zu erfolgen, nicht hingegen eine Korrektur von

---

194 Rupp, Frage, S. 6.

195 Artikel 24 Abs 1 der Würrtembergisch-Badischen Verfassung lautet: „Jeder durch Krankheit, Alter oder andere Ursachen unverschuldet in Not geratene Mensch hat Anspruch auf Schutz - und Hilfe durch Staat und Gemeinde."

Zweckmäßigkeit oder Billigkeit. Ohnehin sei damit zu rechnen, dass nur ein kleiner Anteil der Fürsorgefälle gerichtlich entschieden werden müsse.

Schließlich warf Rupp die Frage nach dem Ermessen auf, die nach seiner Ansicht auch im Urteil des bayerischen VGH nicht völlig geklärt sei. Auch in diesem Fall differenzierte er, ob der Fürsorgebedürftige ein Recht auf Fürsorge habe, d.h. unverschuldet in Not geraten sei oder nicht. Eine Anfechtungsklage sei in jedem Fall unbegründet, wenn ein Recht auf Fürsorge nicht bestehe; hier könne die Behörde gänzlich frei nach ihrem Ermessen handeln. Lediglich in dem Fall, dass die Behörde völlig außerhalb ihrer Aufgaben und Befugnisse handle, etwa die Hilfe völlig verweigere, könne Anfechtungsklage gemäß § 36 VGG erhoben werden, weil die Behörde von ihrem Ermessen nicht im Sinne des Gesetzes Gebrauch gemacht habe. Bestehe hingegen ein Recht auf Fürsorge, erstrecke sich der Anspruch auch auf die gesetzmäßige Bestimmung von Art und Maß der Hilfeleistung; ein „Fehler im verwaltungsrechtlich eindeutig gebundenen Rechtsermessen“ liege bereits bei unzureichender oder unzweckmäßiger Bestimmung der Leistung vor. Die Vorschriften der Reichsgrundsätze seien Rechtsvorschriften, der Betroffene könne daher geltend machen, in einem ihm zustehenden Recht verletzt zu sein (§§ 23 und 35 Abs. 1 VGG). Das Verwaltungsgericht könne daher seine Ermessensentscheidung an die Stelle jener der Fürsorgebehörde setzen.

In seinen Anmerkungen zum Urteil des OVG Münster vom 13.04.1950 verglich Krüger[196] diese Entscheidung mit dem Urteil des hessischen VGH vom 16.03.1949. Die entscheidende Frage liege im Bereich der Feststellung einer speziellen Prozessvoraussetzung, namentlich die Verletzung des Klägers „in seinen Rechten“. Während der hessische VGH seine Prüfung auf das Fürsorgerecht beschränke und nicht prüfe, „ob nicht die Heranziehung weiterer Bestimmungen, insbesondere des Verfassungsrechts geboten sei, [...] ob nicht der Geist der Verfassungs- und Rechtsordnung und die gegenwärtigen Verhältnisse eine Abkehr von der bisherigen Auffassung verlangten“[197], werfe das OVG Münster die Frage auf, ob ein Recht auf Fürsorge trotz der Unergiebigkeit des Fürsorgerechts gegeben sei. Hierzu gehe das OVG zunächst der geschichtlichen Entwicklung des Fürsorgerechts nach, die durch eine Stärkung des Fürsorgebedürftigen gekennzeichnet sei. Darüber hinaus würden zur erschöpfenden Erörterung aller Gesichtspunkte verfassungsrechtliche Bestimmungen und schließlich die „Idee des sozialen Rechtsstaats“ herangezogen. Der Verfasser stellt fest,

196 Krüger, DVBl. 1951, S. 85 ff.
197 Krüger, DVBl. 1951, S. 85.

dass es bereits im Ansatz verfehlt sei, für eine derartig grundlegende Frage allein das Fürsorgerecht zu betrachten, es sei vielmehr der Zusammenhang der gesamten Verfassungs- und Rechtsordnung zu sehen, insbesondere, da sich „diese Ordnungen und ihr Geist“[198] erheblich gewandelt hätten. Der hessische VGH „zeigt sich seltsam unberührt von den Bemühungen der modernen Hermeneutik um „teleologische“ oder „verstehende“[199] Deutung des Rechts“.[200]

Der Verfasser lobte insbesondere die Auffassung des OVG Münster von der Stellung des Richters, wie sie in der Entscheidung mittelbar zum Ausdruck komme: Die Verwaltungsgerichte würden ihre Funktion als Hüter der Verfassung nicht allein dadurch wahrnehmen, dass sie auf die Einhaltung der Gesetze durch die Verwaltungsbehörden achten. Stattdessen hätten sie der Verfassung und ihren grundlegenden Entscheidungen, insbesondere für den „sozialen Rechtsstaat“, Einfluss auf die Verwaltungspraxis zu verschaffen, vor allem wenn es sich um die Anwendung vorkonstitutioneller Gesetze handle. Es sei die Aufgabe der Verwaltungsgerichte, dem bedruckten Papier der Verfassung lebendige Wirklichkeit zu verleihen; auch der Bürger sehe die Verfassung erst in Entscheidungen der Verwaltungsgerichte verwirklicht.

Der von den Verwaltungsgerichten befürchteten Gefahr einer Popularklage sei im Rahmen der Prüfung des Rechtsschutzbedürfnisses zu begegnen, eine einschränkende Interpretation der anderen Prozessvoraussetzungen würde die Grundentscheidungen des Verfassungsgebers zum sozialen Rechtsstaat und der lückenlosen Gewährleistung von Rechtsschutz durch Art. 19 Abs. 4 GG um ihre praktische Bedeutung bringen. Eine Anerkennung von Rechten im Sinne der §§ 23, 24 MRVO 165 und der §§ 35 I und II VGG sei also auch dort zu fordern, wo das betreffende Spezialgesetz ein solches Recht nicht vorsehe, hierzu würden Regeln durch die Rechtsprechung entwickelt werden müssen. Krüger betonte, dass die Grundrechte der Verfassungen nicht nur Schutzrechte gegenüber dem Staat darstellten, sondern ihnen auch „aktive Rechte innewohnten, die zur Aufrechterhaltung des durch die Grundrechte gewährleisteten Status unerlässlich sind“[201]. Hier griff Krüger die oben dargestellte Argumentationslinie der Oberverwaltungsgerichte auf, die – allerdings aus der Zusammenschau der Grundrechte mit dem Sozialstaatsprinzip – den Grundrechten einen posi-

198 Krüger, DVBl. 1951, S. 86.
199 Hervorhebungen im Original.
200 Krüger, DVBl. 1951, S. 86.
201 Krüger, DVBl. 1951, S. 86.

tiven Gehalt beimessen, der sich in der Gewährung konkreter Rechte manifestieren könne.

In seinem Aufsatz „Alte und neue Grundsätze im Fürsorgerecht“[202] ging Jehle aufgrund der Entscheidung des OVG Münster vom 13.04.1950 auf die Frage der rückwirkenden Gewährung der Fürsorge ein. Ausgehend von dem Grundsatz, dass eine rückwirkende Leistungsgewährung bedingt durch den Subsidiaritätsgrundsatz und den Mangel eines förmlichen Rechtsanspruches dem Fürsorgerecht bislang fremd war, werde nunmehr eine Einschränkung dieses Grundsatzes dahingehend vertreten, dass bei erkennbarer Hilfsbedürftigkeit keine fürsorgerechtliche Leistung erbracht werde. „Der Rechtsanspruch auf Fürsorge umfasst also bei unberechtigter Fürsorgeverweigerung auch die für die Vergangenheit rückständige Fürsorgenachzahlung unter dem Vorbehalt gleich gebliebener und gleichbleibender Verhältnisse.“[203]

Im Rahmen seines Aufsatzes „Das Recht auf Fürsorge“[204] stellte Schallock die wichtigsten Entwicklungen im Fürsorgerecht dar. Zunächst führte er die Gründe an, die gegen die Gewährung eines Rechts auf Fürsorge sprächen: In der Gewährung von Fürsorge habe „der Gedanke der Menschlichkeit und der helfenden Nächstenliebe Ausdruck gefunden“, wohingegen das Recht Maßstäbe brauche, Tatbestände, von deren Vorliegen es Rechtsfolgen abhängig mache. Der Not des Einzelnen sei mit der Methode der Rechtsfindung nicht beizukommen, daher habe der Einzelne auch kein Recht auf Hilfe. „Da die Fürsorge sich über die Sphäre des Rechts hinaus erhebt, wird ein Recht auf Fürsorge verneint.“ Der zweite Grund für die Verneinung eines derartigen Rechts entstamme einer historischen Betrachtungsweise. Die staatliche Armenpflege sei ursprünglich Aufgabe der Polizei gewesen, die nicht im Interesse des Einzelnen, sondern zur Erhaltung der guten Ordnung tätig geworden sei. Ihre Pflichten hätten gegenüber der Gemeinschaft bestanden, nicht gegenüber dem Einzelnen. Auch nach Einführung der Verwaltungsgerichtsbarkeit, deren Zuständigkeit von der Verletzung eines subjektiven Rechts durch den Staat abhängig gewesen ist, wurde im Hinblick auf die RFV und die Reichsgrundsätze ein solches Recht verneint.

Demgegenüber könne zum Zeitpunkt der Veröffentlichung des Artikels mit Sicherheit nur gesagt werden, dass der Verwaltungsrechtsweg durch den VGH Hessen als weiterhin unzulässig betrachtet werde. Wenn der

---

202 Jehle, Alte und neue Grundsätze im Fürsorgerecht, in: DVBl. 1951, S. 65 ff.

203 Jehle, Grundsätze, S. 65.

204 Hans-Joachim Schallock, Das Recht auf Fürsorge, in: NDV 1951, S. 164 ff.

Hilfsbedürftige seine Fürsorgeleistungen vor Gericht geltend machen könne, so wie bislang die Verwaltungsgerichte von Bayern, Nordrhein-Westfalen, Lüneburg und Hamburg entschieden hätten, so habe dieser ein subjektiv-öffentliches Recht auf Fürsorge. Beide Voraussetzungen für ein subjektiv-öffentliches Recht lägen nach Auffassung des Verfassers vor: „die Norm eines Verhaltensollens zu Gunsten einer bestimmten Person" sei in den Bestimmungen der Fürsorgegesetze (RFV und RGr) zu sehen, „die Norm an die Rechtsschutzorgane, dieses Verhaltensollen zu erzwingen, wenn die begünstigte Person es verlangt" sei mit Art. 19 Abs. 4 GG verwirklicht. Unter einem „Recht" im Sinne der Verwaltungsgerichtsgesetze sei das gesamte Verhältnis des Individuums zum Staat zu betrachten, es sei zu fragen „ob unser Recht dem Unterstützungssuchenden eine Rechtsposition gibt, die lediglich zum passiven Objekt macht und falls das so sein sollte, ob sich das nicht infolge des Wandels der allgemeinen Rechtsanschauung über die Beziehung des Individuums zum Staat geändert hat".[205] Art. 19 Abs. 4 GG sei dahingehend zu interpretieren, dass sich das Verhältnis von Individuum und Gemeinschaft auch im Vergleich zur Weimarer Verfassung geändert habe, sodass es nicht darauf ankomme, ob in den einzelnen Verfassungen ein Recht auf Fürsorge explizit anerkannt werde.

In dem Aufsatz „Der Fürsorgeanspruch in der Rechtsprechung der Verwaltungsgerichte"[206] fasste Sieveking die Entwicklung der Rechtsprechung zum Fürsorgeanspruch bis 1951 zusammen. Nach Anerkennung des Anspruchs auf Fürsorge aufgrund der bayerischen Verfassung durch den bayerischen Verwaltungsgerichtshof vom 08.03.1949 habe nach Inkrafttreten des Grundgesetzes zuerst das OVG Münster am 13.04.1950 einen solchen Anspruch auf Art. 2 GG gestützt. Dieser Auffassung seien trotz erheblicher Kritik[207] das Hamburger OVG am 22.01.1951 und das OVG Lüneburg am 14.03.1951 gefolgt. Gegen Patzig sei zu betonen, dass zwar die im Fürsorgerecht anerkannten Grundsätze durch Art. 2 überholt worden seien, hiermit jedoch „keineswegs eine Umwälzung des Fürsorgerechts verbunden und eine über das Erträgliche hinausgehende Belastung der Fürsorgeverbände eingetreten" sei. „Die Verpflichtung, Hilfsbedürftigen Unterstützung zu gewähren, wird von den Fürsorgeverbänden nicht bestritten. Die Anwendbarkeit der Richtsätze ist nicht in Frage gestellt. Nach-

205 Schallock, Das Recht auf Fürsorge, S. 165.

206 Sieveking, Der Fürsorgeanspruch in der Rechtsprechung der Verwaltungsgerichte, in: MDR 1951, S. 408f.

207 Es werden aufgeführt Held, Fürsorgepflicht und Fürsorgeanspruch, S. 10, und Patzig, Klagbarer Rechtsanspruch, S. 62.

prüfbar ist lediglich die Gleichmäßigkeit der Anwendung dieser Richtsätze sowie die Frage, ob jemand hilfsbedürftig ist." Mit dieser Aussage wurde Sieveking zu Unrecht in dem Urteil des OVG Lüneburg vom 05.12.1951 als Kritiker eines solchen Anspruches angeführt, indem er mit einer Aussage betreffend „eine völlige Umwälzung der bisherigen Fürsorgepraxis und eine Vergeudung der öffentlichen Mittel" zitiert wird. Der Passus „Vergeudung öffentlicher Mittel" findet sich im gesamten Aufsatz von Sieveking in der MDR 7/1951, S. 408f., in der Tat nicht.

Das OVG Hamburg bejahe im Ergebnis ebenso wie das OVG Münster die Frage, ob für die Vergangenheit Fürsorgeunterstützung verlangt werden könne, mit der Einschränkung, dass die Behörde von Stellung des Antrages an die Verzögerung oder Nichtzahlung zu vertreten habe.

Aus der Anerkennung eines klagbaren Anspruches ergeben sich nach Sieveking grundsätzliche Folgerungen für die Fallgestaltung der so genannten Familiennotgemeinschaft: das OVG Lüneburg habe festgestellt, dass eine Fürsorgerente nicht gekürzt werden könne, wenn der nur *sittlich Unterhaltspflichtige* dem Bedürftigen Unterhaltsleistungen nicht gewährt. Nach dem Hamburgischen OVG sei die Hilfsbedürftigkeit einer Person zwar dadurch ausgeschlossen, dass ein Dritter ausreichend Unterhalt leistet, nicht aber dadurch, dass er kraft rechtlicher oder sittlicher Verpflichtung eigentlich leisten müsste. Zwar könnten diese Grundsätze nicht dazu führen, in jedem Fall einen Anspruch auf Unterstützung zu begründen, indem eine erwerbsunfähige hilfsbedürftige Frau mit einem anderen Manne zusammen lebe; dennoch könne „eine Art des Zusammenlebens gegeben sein, bei der von einer Hilfsbedürftigkeit nicht mehr die Rede ist"[208], insbesondere, wenn die Lebensumstände eine gewisse Haushaltsführung möglich machten und die Dienste, die hierbei geleistet wurden, als geldwerte Leistungen anzusehen seien. Es werde sich daher bei der Nachprüfung der Hilfsbedürftigkeit vielfach eine Änderung der Verwaltungspraxis ergeben, so lange keine rechtliche Normierung der sogenannten Familiennotgemeinschaft erfolgt sei, in einer Reihe von Fällen werde diese Praxis jedoch auch gerichtlicher Nachprüfung standhalten.

Im Aufsatz „Der Anspruch auf Fürsorgeunterstützung in der Rechtsprechung der Verwaltungsgerichte" qualifizierte H. Möhring die Rechtsprechung, wie sie in den Urteilen des OVG Münster vom 13.04.1950, des OVG Hamburg vom 22.01.1951 sowie des OVG Lüneburg vom 14.03.1951 Ausdruck fand, als „bedeutsame Wandlung der Auffassungen über die An-

208 Sieveking, Fürsorgeanspruch, S. 409.

sprüche des Hilfsbedürftigen auf Fürsorgeleistungen".[209] Möhring referierte dabei zunächst die genannten Entscheidungen und setzte sich dann mit kritischen Positionen dazu auseinander. So ließe sich geltend machen, dass es Schwierigkeiten aufwerfen könnte, Art. 2 GG „ein subjektives Recht [...] auf ein positives Tun" in Form der „Gewährung von Unterstützung" zu entnehmen. Dies führte möglicherweise zu einer Entgrenzung von Forderungen, auch im Sozialversicherungsrecht, wenn etwa unter Berufung auf Art. 2 GG die Gewährung besonders teurer Krankenbehandlungen oder Kuraufenthalte gefordert würde, die Versicherungen üblicherweise nicht bezahlten. Auch sah Möhring die Gefahr, dass „der Weg zur Popularklage und zur Verwaltungsklage dessen" geöffnet werde, „der nur unmittelbar durch einen Verwaltungsakt betroffen sei", wenn man, wie das OVG Münster, gänzlich „auf die Rechtsfigur des allerdings umstrittenen öffentlichen Rechts verzichten" wolle. Gleichwohl könnten die Verwaltungsgerichte selbst durch eine entsprechende „Entscheidungspraxis [...] einer rechtspolitisch unerwünschten Inflation von Verwaltungsklagen" vorbeugen.[210]

Deutlich höher als die geschilderten potentiellen Schwierigkeiten sei nach Möhring jedoch der Umstand zu veranschlagen, dass die genannten OVG-Urteile „der sozialen und rechtsstaatlichen Tendenz unseres Verfassungsrechts und unseres Lebens in einer Weise Rechnung getragen" hätten, die grundsätzlich „zu begrüßen" sei. Die Notlage weiter Bevölkerungskreise habe seit dem Ende des 2. Weltkriegs ein derart enormes Ausmaß angenommen, das sich auch auf die „verwaltungsrechtliche Beurteilung des Inhalts und Wesens des Fürsorgeanspruchs auswirken" müsse. Recht sei „nichts Starres", vielmehr in Fortbildung begriffen, und müsse vor allem auf die „gesellschaftlichen und sozialen Verhältnisse" Rücksicht nehmen. Dies bedeutet auch, dass vorhandene positive Rechtsnormen durch die Gerichte in einer Weise ausgelegt werden müssten, die Veränderungen dieser Rahmenbedingungen Rechnung trage.[211]

Was die Thematik der „Familien-Notgemeinschaft" betraf, plädierte Möhring dafür, jeweils auf die Umstände des Einzelfalls abzustellen, insbesondere die „Lebensverhältnisse" und „die Art des Zusammenlebens". Als Möglichkeit sah er etwa die analoge Anwendbarkeit des § 10 Abs. 2 der Lohnpfändungsverordnung, wie sie etwa auch das LVG Hamburg in seinem Urteil vom 04.06.1951 vorgenommen habe. Dabei sei „die Tätigkeit

209 Möhring, Anspruch, S. 164.
210 Vgl. Möhring, Anspruch, S. 165.
211 Vgl. Möhring, Anspruch, S. 165.

der unterstützungsfordernden Frau im Haushalt des Mannes als geldwerte Leistung“ angesehen worden. Damit sei auch für das Fürsorgerecht „ein gangbarer Weg gezeigt“.[212]

Bachof führte in seinem Aufsatz „Der Rechtsschutz im öffentlichen Recht. Gelöste und ungelöste Probleme – Versuch einer Bilanz“[213] aus, dass es sich bei der verwaltungsgerichtlichen Generalklausel um einen Mangel des Rechtsschutzsystems handle, der durch den Gesetzgeber zu beheben sei. Klagen könne nur, wer „in seinen Rechten verletzt“ sei. Diese Bestimmung sei „außerordentlich unklar und geeignet, eine Lücke im Rechtsschutz aufzureißen“.[214] Es sei „bisher nicht eindeutig beantwortet [...], ob unter „Rechten“ nur sogenannte subjektive Rechte oder aus bloße Rechtsgüter, rechtlich geschützte Interessen oder eventuell gar schon rechtsschutzwürdige Interessen zu verstehen“ seien. Zwar neigten Rechtsprechung und Schrifttum dazu, das Erfordernis der Geltendmachung eigener „Rechte“ nicht eng auszulegen, gleichwohl bedeute es „erhebliche Rechtsunsicherheiten und nicht selten [sei] Rechtsschutz wegen angeblichen Fehlens eines Eigenrechtes zu Unrecht versagt worden“.[215] Bachof wies darauf hin, dass der enge Zusammenhang zwischen Verwaltungs- und Verfassungsrecht noch zu wenig beachtet werde. „[Z]u wenig wird der Grundkonzeption unserer Verfassung von der Freiheit als eines vor- und überstaatlichen Gutes Rechnung getragen, zu wenig werden der Grundsatz der Gesetzmäßigkeit der Verwaltung und der Gleichheitssatz aktualisiert.“[216]

Nur eine Definition subjektiver Rechte im Sinne aller durch objektive Rechtssätze gesicherter Positionen des Bürgers im Verhältnis zum Staat entspreche einer demokratischen Staatsauffassung, die von der Eigenverantwortlichkeit des Bürgers für die Wahrung der ihm durch das objektive Recht eingeräumten Positionen ausgehen müsse.[217] Es stehe dem Gesetzgeber zwar frei, welche Rechtspositionen er dem Einzelnen gegenüber dem Staat einräumen wolle, es stehe ihm jedoch nicht frei, solchen objektivrechtlich eingeräumten Positionen den Rang von subjektiven Rechten vorzuenthalten.[218] „Rechtspositionen des Einzelnen, zu deren Beachtung nur

212 Möhring, Anspruch, S. 166.

213 Otto Bachof, Der Rechtsschutz im öffentlichen Recht. Gelöste und ungelöste Probleme – Versuch einer Bilanz, in: DÖV 1953, S. 417 ff.

214 Bachof, Rechtsschutz, S. 421.

215 Bachof, Rechtsschutz, S. 421.

216 Bachof, Rechtsschutz, S. 421.

217 Bachof, Rechtsschutz, S. 421.

218 Bachof, Rechtsschutz, S. 421.

die objektivrechtlich angewiesenen Behörden verpflichtet sind, auf deren Beachtung der begünstigte Bürger aber keinen Anspruch haben soll, sind Residuen obrigkeitsstaatlichen Denkens, die in unserer heutigen Rechtsordnung keinen Platz mehr haben sollten."[219] Weiterhin konstatiert Bachof, dass die Gerichte hierfür zwar „im Allgemeinen das richtige Gefühl" hätten, wie die Bejahung eines Anspruches auf Fürsorge zeige; gleichwohl sei die „geistige Bewältigung des Problems" noch nicht voll gelungen, was an der Tatsache zu erkennen sei, dass manche Gerichte einen solchen Anspruch noch immer ablehnten, die „übrigen Gerichte mit sehr unterschiedlichen und z.T. recht gekünstelt wirkenden Begründungen zum an sich richtigen Ergebnis" gelangten.[220]

1952 widmete Müller der „Frage des Rechtsanspruchs des Hilfsbedürftigen auf öffentliche Fürsorge" eine ausführliche Erörterung.[221] Der Verfasser stellte dabei gleich zu Beginn seine Auffassung klar, dass vor dem Hintergrund der „Umschichtungen im sozialen Gefüge" nach dem 2. Weltkrieg auch in der Rechtsprechung zur Fürsorge „auf die heutigen Verhältnisse" eingegangen werden müsse und Hilfsbedürftigen ein „subjektive[r] Rechtsanspruch auf öffentliche Fürsorge" einzuräumen sei. Sofern „die bestehenden Gesetze noch verschiedene Auslegungen" zuließen, wäre „fortschrittlichen Gedankengängen" im Rahmen „praktische[r] Rechtsanwendung [...] Geltung zu verschaffen". Dies sei in den Urteilen des Bayerischen VGH vom 08.03.1951, sowie der OVG Münster (v. 13.04.1950) und Hamburg (v. 22.01.1951) auch geschehen.[222] Auch Müller stellte in weiterer Folge die genannten Urteile ausführlich dar, wobei er im Blick auf das Urteil des OVG Münster den Umstand hervorhob, dass es für allfällige Fürsorgeansprüche nicht auf das Vorhandensein subjektiver öffentlicher Rechte ankommen solle, sondern – unter Berufung auf Art. 19 Abs. 4 Satz 1 GG – eine Verletzung des Klägers „in seinen Rechten" als ausreichend angesehen werde. Damit sei „jedes vernünftigerweise einen Rechtsschutz verdienende Individualinteresse" gemeint.[223]

In weiterer Folge setzte sich Müller aber auch mit Entscheidungen des Hessischen VGH und des VG Stuttgart auseinander, die an der zumindest bis dahin noch herrschenden Ansicht festgehalten haben, weiterhin mit

219 Bachof, Rechtsschutz, S. 421.
220 Bachof, Rechtsschutz, S. 421.
221 Müller, Die Frage des Rechtsanspruchs des Hilfsbedürftigen auf öffentliche Fürsorge, in: Recht der Arbeit 4 (1952), S. 130 – 135.
222 Müller, Frage, S. 130.
223 Müller, Frage, S. 131.

unterschiedlichen Positionen in der rechtswissenschaftlichen Literatur. Dabei hob er insbesondere einen Aufsatz von Ernst Pabst aus dem Jahr 1951 zur „Bedeutung des Art. 19 Abs. 4 [...] GG für die verwaltungsrechtliche Anfechtungsklage“ hervor.[224] Pabst zufolge sei „anzunehmen, daß in seinen Rechten bereits jeder verletzt sei, in dessen Rechtsbereich, Rechtsgebiet, Rechtssphäre oder rechtlich geschützte Interessen unmittelbar rechtswidrig eingegriffen werde“. Insofern wäre es nicht erforderlich zu prüfen, welche Art Recht verletzt sei, und ob insbesondere „ein subjektiv-öffentliches Recht im technisch-spezifischen Sinne“ betroffen sei, ein Ansatz, dem sich auch Müller anschloss. Allerdings gehe Pabst noch einen Schritt weiter und beziehe „die Ausdehnung des Rechtsschutzes des Art. 19 Abs. 4 Satz 1 auch auf die sog. Reflexrechte“. Dieser Ausweitung stand Müller kritisch gegenüber, da er die Ansicht vertrat, es liege „gerade im Wesen des sog. Reflexrechts [...], daß es nicht im Klageweg verfolgt werden“ könne.[225]

Als ein grundlegendes Problem galt Müller der Umstand, dass „die Länderverfassungen“ im Fürsorgebereich bezüglich einklagbarer Rechte „zu unterschiedlichen Ergebnissen gelangt“ seien. Dabei wären sie jedoch alle von dem „Bestreben“ getragen, „die staatsbürgerlichen Grundrechte gegenüber den Herrschaftsansprüchen der öffentlichen Hand zu verstärken“. Generell lasse sich sagen, dass „Ziel und Zweck aller Länderverfassungen und des Bundesgesetzes [...] die Schaffung des sozialen Rechtsstaates“ gewesen sei.[226] Müller ging daher von einer unproblematischen Verknüpfung der Konzepte Rechts- und Sozialstaat aus, ein Ansatz, der wie im Blick auf Forsthoffs Position bereits angedeutet, keineswegs als selbstverständlich zu betrachten ist.

Zwar sei „bei der Rechtsfindung gem. Art. 20 Abs. 3 GG ausschließlich vom geltenden Recht auszugehen“, was bedeute, dass „rechtspolitische Überlegungen, die im Gesetz keinen Ausdruck gefunden haben“, auch keine Rolle bei der Auslegung von Rechtsnormen spielen dürften. Allerdings könne „man [...] dem Geist der Gesetzesnorm nur gerecht werden, wenn man bei der Auslegung der Vorschriften die Grundidee des Gesetzes nicht aus den Augen verliere“. Dieses Wesen nun liege in der Schaffung „des so-

224 Müller, Frage. S. 132; Ernst Pabst, Die Bedeutung des Art. 19 Abs. 4 Bonner Grundgesetz für die verwaltungsgerichtliche Anfechtungsklage, in: DÖV 4 (1951) S. 284 – 288.

225 Müller, Frage. S. 132.

226 Müller, Frage. S. 132.

zialen Rechtsstaates".[227] Ideengeschichtlich ist diese Position durchaus erwähnenswert, da sich in der rechtswissenschaftlichen Methodenlehre in der Bundesrepublik letztlich eine Sichtweise durchgesetzt haben dürfte, die dem vermuteten gesetzgeberischen Willen explizit Primat gegenüber den Wortlautgrenzen einer Rechtsnorm zuspricht und der Rechtsanwendung sogar eine Korrektur des letzteren zugunsten des ersteren einräumt.[228]

Dem „Wesen des sozialen Rechtsstaates" entspreche es gerade, „den Staatsbürger nicht mehr als Objekt öffentlicher Machtausübung [...] zu behandeln, sondern seine persönlichen Rechte gegenüber denen der Staatsgewalt deutlich abzugrenzen und ihm zu gestatten, diese [...] Rechtsposition vor unabhängigen, unparteiisch urteilenden Gerichten gegenüber der Verwaltung zu klären und zu verteidigen".

Zudem fänden sich ohnedies verfassungsrechtliche Bestimmungen, die in diese Richtung wiesen, so insbesondere Art. 2 Abs. 2 GG. Diese Norm als bloßes Programm zu betrachten, würde sie „inhaltslos" machen. Dabei gehe es im Übrigen nicht „um die Ausdehnung des Kreises der Fürsorgeberechtigten", sondern „um die rechtliche Sicherung von öffentlichen Leistungen, die auch bisher schon im Rahmen des Möglichen gewährt worden" seien. Eine verwaltungsgerichtliche Ermessensüberprüfung könne ohnehin nur zur Beanstandung einer Entscheidung führen, wenn Ermessensmissbrauch geübt werde, die Verwaltungsbehörde „also den verfassungsmäßig gewährleisteten Grundsatz der Gleichbehandlung gleichliegender Fälle verletzt" habe.[229] Da aber die Behörden „gewöhnt" seien, „im Rahmen ihrer Richtlinien zu arbeiten, auch wenn diese keine Gesetzeskraft haben", sei davon auszugehen, dass sie Ermessen ohnedies regelmäßig „im Sinne des Gesetzes" üben würden.[230] Diese Argumentationen zum Ermessen in den dargestellten Veröffentlichungen, insbesondere auch im Aufsatz von Müller, mutet aus heutiger Sicht eigentümlich an, zumal Ermessen gem. § 40 VwVfG „entsprechend dem Zweck der Ermächtigung auszuüben" ist „und die gesetzlichen Grenzen des Ermessens einzuhalten" sind. Allerdings handelt es sich beim Verwaltungsverfahrensgesetz um ein Gesetzeswerk aus den 1970er-Jahren. Offenbar ging es Müller in seinem

227 Müller, Frage. S. 132 f.

228 Dirk Looschelders/Wolfgang Roth, Juristische Methodik im Prozess der Rechtsanwendung. Zugleich ein Beitrag zu den verfassungsrechtlichen Grundlagen von Gesetzesauslegung und Rechtsfortbildung. Berlin: Duncker & Humblot 1996, S. 255. Zur angedeuteten Entwicklung vgl. auch unten Kapitel F.

229 Müller, Frage. S. 133.

230 Müller, Frage, S. 134.

Aufsatz darum zu betonen, dass die Verwaltungsgerichte „nur die Rechtskontrolle auszuüben“, nicht aber „ihr eigenes Ermessen an die Stelle des Ermessens der Verwaltungsinstanzen zu setzen“ hätten. Zu denken sei aber etwa an den Fall, dass Verwaltungsbehörden an sich zu Recht bestehende Ansprüche aufgrund ungünstiger Finanzlage abweisen könnten. „[G]ültige Rechtsnormen“ seien stets „höher [...] zu bewerten“ als „fiskalische Gesichtspunkte“. Dies gelte gerade auch „[b]ei Massennotständen“, in deren „Gefolge [...] die Verwaltung in besonderem Maße auf die Betätigung ihres pflichtgemäßen Ermessens in Bezug auf die erforderlichen fürsorgerischen Schritte angewiesen“ sei.

Auch die Anwendung „des Grundsatzes ‚In praeteritum non vivitur‘“ wollte Müller im Fürsorgerecht nicht unbedingt gelten lassen: Er habe „insofern eine Modifikation erfahren, als gerichtlich anerkannte Unterstützungsansprüche auch noch nachträglich befriedigt werden müßten“.[231]

Der Deutsche Verein für öffentliche und private Fürsorge äußerte sich im Nachrichtendienst unter dem Titel „das Recht auf Fürsorge“[232] zur historischen Entwicklung der Anerkennung eines solchen Rechts und stellte Rechtsprechung und Literatur seit Mitte des 19. Jahrhunderts bis zum Ende des Zweiten Weltkrieges überblicksartig dar. In diesem Zusammenhang wurde auch die seit 1946 eingetretene Entwicklung behandelt, ein Recht auf Fürsorge zu bejahen. Genannt wurden die Urteile des bayerischen Verwaltungsgerichtshofes vom 08.03.1949, des OVG Münster vom 13.04.1950, des Hamburgischen OVG vom 22.01.1951, das OVG Lüneburg vom 05.12.1951, die Entscheidungen des OVG Berlin vom 29.06.1951 und 22.05.1953 und die Entscheidung des VGH Württemberg-Baden vom 15.01.1953 zitiert. Von den ablehnenden Urteilen wurden die des hessischen VGH vom 26.03.1949 und 23.06.1950, des VGH Bremen vom 20.01.1948 und des VG Stuttgart vom 18.02.1949 angeführt. Auch die in der Literatur vertretenen Auffassungen gelangten überblicksartig zur Darstellung.[233]

231 Müller, Frage, S. 134.

232 NDV 1954, S. 133 ff.

233 Für ein Recht auf Fürsorge werden zitiert: Naumann, DV 1949, S. 442; Bauer, DÖV 1948, S: 28; Rupp, DÖV 1951, S. 5; Krüger, DVBl. 1951, S. 85; Jehle, Alte und neue Grundsätze im Fürsorgerecht, S. 65; Schallock, Das Recht auf Fürsorge, S. 164; Müller, Frage, S. 130; Adam, ND 1952, S. 226; Bachof, Rechtsschutz, S. 421; Forsthoff, Lehrbuch des Verwaltungsrechts, Band I, 2. Auflage, S. 157. ablehnend: Weinmayer, DÖV 1949, S. 376; Patzig, Rechtsanspruch, S. 62; Held, Fürsorgeanspruch, S. 8.

Aufgrund der verwaltungsgerichtlichen Urteile und der Verhandlungen des 38. deutschen Juristentages im September 1950 habe der Deutsche Verein von seiner Rechtsauffassung, dem Fürsorgebedürftigen stehe kein einklagbarer Anspruch auf Fürsorge zu, Abstand genommen; die Zulässigkeit des Verwaltungsrechtsweges könne schwerlich noch in Zweifel gezogen werden.

Weiterhin wurde ausgeführt, dass es sich bei der Prüfung der Hilfsbedürftigkeit und deren Umfang durch die Fürsorgebehörde um eine Ermessensfrage handle, die grundsätzlich nicht gerichtlich nachprüfbar sei. Nur die Ermessensüberschreitung oder der Ermessensmissbrauch könne gerügt werden. Der Grundsatz der Individualisierung führe zu einer weit reichenden Ermessensfreiheit, die lediglich der Gesetzgeber durch den Erlass der Richtsätze und der Mehrbedarfsmerkmale durch den Gesetzgeber in eine bestimmte Richtung gelenkt habe. Auch der bayerische VGH habe in seiner Entscheidung vom 13.05.1952 anerkannt, dass Art und Maß der zu gewährenden Fürsorge zunächst Sache der Fürsorgebehörde sei.

Was die Äußerungen des OVG Lüneburg in seinem Urteil vom 14.03.1951 zum Grundsatz der Familiennotgemeinschaft betraf, so bagatellisierte der deutsche Verein für öffentliche und private Fürsorge die Bedeutung der Entscheidung, indem er sie in eine konstante Linie mit der Rechtsprechung des Bundesamtes für Heimatwesen einordnete. Die Entscheidung stimme mit den vom Bundesamt für das Heimatwesen aufgestellten Grundsätzen[234] zur Familiennotgemeinschaft überein. Das OVG Lüneburg habe entschieden, dass die Fürsorgeleistung nicht gekürzt werden dürfe, wenn Unterhaltsleistungen durch einen nur sittlich Unterhaltsverpflichteten nicht gewährt würden. Auch das Bundesamt für Heimatwesen habe „nirgends ausgesprochen, dass ein Fürsorgeverband die Unterstützung eines Hilfsbedürftigen verweigern könne, wenn ein sittlich Unterhaltspflichtiger vorhanden" sei, der nicht leiste.

Auch mit der Frage der Nachtragszahlungen, d.h. Zahlungen für vergangene Zeiträume, setzte sich der Beitrag auseinander. Die Zusammenfassung der Urteile des OVG Münster, des bayerischen VGH sowie des OVG Lüneburg zeigten, dass Fürsorgeleistungen ab Antragstellung, unabhängig von einem gegebenenfalls laufenden Prüfungs- oder Rechtsmittelverfahrens zu gewähren seien, auch brauche sich der Hilfsbedürftige Unterhaltsleistungen, die er von anderer Seite während eines Streits über Fürsorgeunterstützung erhalten habe, nicht entgegenhalten zu lassen. Bislang seien Nachtragszahlungen im Fürsorgerecht vom Bundesamt für Heimatwesen

234 BAH Bd. 65, S. 95; 78, S. 97; 86, S. 82; 91, S. 47; zit. nach ND 1954, S. 136.

wegen des Grundsatzes „In praeteritum non vivitur“ für unzulässig erklärt worden.[235] Die Begründung hierfür sei, der Bedürftige wäre „Objekt einer den Armenverbänden im öffentlichen Interesse auferlegten Verpflichtung, [...] Daraus ergibt sich von selbst, dass es für einen Zeitraum, in welchem diese Folge nicht eingetreten ist, an jedem öffentlichen Interesse fehlt, Armenunterstützung eintreten zu lassen.“[236] Der Beitrag räumte ein, dass diese Begründung in einer „der Vergangenheit angehörenden Periode des repressiven Armenrechts“ wurzle, „deren Auffassungen dem heutigen sozialen Empfinden nicht mehr entsprechen“.

Zusammenfassend wurde generös festgestellt, dass die Verwaltungsgerichte trotz des kurzen Zeitraums ihrer Tätigkeit seit 1946 „eine Fülle von Erfahrungen auf dem Gebiete der Fürsorge gesammelt“ hätten und zunehmend Verständnis für die Tätigkeiten der Fürsorgeverbände zeigten.

235 BAH Bd. 21, S. 25; 33, S. 39; zit. nach ND 1954, S. 136.
236 BAH Bd. 33, S. 39, zit. nach ND 1954, S. 136.

# D. Verfahren vor dem Bundesverwaltungsgericht

Als schließlich ein Verfahren, dass das Fürsorgerecht zum Gegenstand hatte, den Weg durch die Instanzen zum Bundesverwaltungsgericht genommen hatte, sah sich der erkennende Senat mit einer schon überwiegend anerkannten Rechtsentwicklung konfrontiert, die durch das Urteil BVerwGE 1,159 abgeschlossen werden sollte [237].

## I. Prozessgeschichte

Die prozessuale Vorgeschichte des Verfahrens war verhältnismäßig kurz, von der Klage in erster Instanz bis zur Entscheidung des Bundesverwaltungsgerichts vergingen lediglich drei Jahre, ein Befund, dem ein heute forensisch tätiger Sozialrechtler nur mit Unglauben begegnen kann.

### 1. Erste Instanz - VG Hannover

Der Sachverhalt[238], der später dem Bundesverwaltungsgericht zur Entscheidung vorliegen sollte, ist nicht komplex. Im Kern ging es um die Frage, ob eine Kürzung des Mietanteils der Fürsorgeunterstützung zu Recht erfolgt war. Die zuständige Fürsorgebehörde hatte eine Anrechnung der Arbeitslosenunterstützung vorgenommen, die eine mit dem Kläger in einem Haushalt lebende Frau erhielt.

Der am 03.06.1881 geborene Kläger Albert Schüler erhielt seit 01.11.1948 Fürsorgeunterstützung durch laufende Zahlungen bis zum 01.04.1951 in Höhe von 58,80 DM. Ab dem 01.04.1951 erhielt er einen Betrag von 63,80 DM, vom 01.09. an 71,50 DM. Bis zum 01.12.1951 wurde die Fürsorgeunterstützung abermals erhöht auf 75,80 DM.

Der Kläger hatte früher einen Obst- und Gemüsehandel betrieben, anschließend war er als Hausmeister tätig gewesen. Er hatte kein Anrecht auf

---

237 Stolleis, Geschichte des Sozialrechts, S. 218.

238 Sachverhaltsdarstellungen im Urteil des VG Hannover vom 19.12.1951, Az.: III 65/51 sowie aus der Akte des Bundesarchives Bestandssignatur B 139 Archivnummer 60 (nicht paginiert).

den Bezug von Angestelltenrente oder Invalidenversicherung und keinen Anspruch auf Arbeitslosen- oder Arbeitslosenfürsorgeunterstützung. Mit der Arbeitslosenunterstützungsempfängerin Hildegard Goldenstein führte er in seiner aus einem Raum im Obergeschoss und einem Raum im Zwischengeschoss nebst Keller bestehenden Wohnung einen gemeinsamen Haushalt.

Die gesundheitliche Konstitution des Klägers war nach Auskunft des staatlichen Gesundheitsamtes Hannover vom 03.03.49 einem 68-jährigen, der zwei Kriege erlebt hatte, entsprechend. Er bedürfe zwar keiner Krankenpflege, sei aber körperlich nicht in der Lage, seinen Haushalt selbst zu besorgen und benötige daher eine Haushälterin. Er erhalte deshalb eine Pflegezulage. Die Mietbeihilfe wurde ihm jedoch nur in Höhe der Hälfte des Mietzinses ausgezahlt, weil die Fürsorgebehörde der Ansicht war, dass Frau Goldenstein die andere Hälfte aus ihrer Arbeitslosenunterstützungsbeihilfe aufzubringen habe, da sie auch mit dem Kläger in der Wohnung lebe.

Am 26.10.1950 wurde ein Antrag des Klägers beim Wohlfahrtsamt Hannover auf Erhöhung der Unterstützungsleistungen um 20 DM durch Bescheid des Landkreises Hannover – Sozialamt abgewiesen. Ein hiergegen eingelegter Einspruch war erfolglos, der Bescheid datiert vom 21.12.1950. Die hiergegen gerichtete Beschwerde wurde am 05.03.1951 ebenfalls abgewiesen.

Der Kläger erhob mit der am 02.04.1951 beim beklagten Bezirksfürsorgeverband eingegangenen Klageschrift form- und fristgerecht Klage mit dem Antrag, die Bescheide aufzuheben und den Bezirksfürsorgeverband für verpflichtet zu erklären, die ihm nach den Richtsätzen zugebilligte Wohlfahrtsunterstützung entsprechend zu erhöhen. Der Beklagte beantragte die Klage abzuweisen.

Nach den Ausführungen des Verwaltungsgerichts im Urteil vom 19.12.51, AZ: III 65/51[239] sei die Klage[240] zulässig. Das Verwaltungsgericht Hannover schloss sich damit explizit, gleichwohl ohne nähere Erläuterung, der „in Rechtsprechung und Schrifttum jetzt überwiegenden und

---

239 Urteil des VG Hannover vom 19.12.1951, Az.: III 65/51, Urteilssammlung des Niedersächsischen Landesarchivs Nds. 731 Hannover Acc. 122/93 Nr. 389: Urteilssammlung 3. Kammer A1/51 – 74/51.

240 Nach § 20 Abs. 7 der Preuß.Ausf.VO zur Verordnung über die Fürsorgepflicht vom 30.05.1932 in Verbindung mit der Verordnung des Niedersächsischen Staatsministeriums über die Befreiung der Verwaltungsgerichte von Verwaltungsaufgaben vom 30.04.1948 und § 5 der Verordnung über die Zuständigkeit in Beschlusssachen vom 14.08.48.

auch vom Oberverwaltungsgericht in Lüneburg vertretenen Auffassung an, dass der Hilfsbedürftige einen Rechtsanspruch auf Fürsorgeunterstützung habe und dass daher gegen die Ablehnung des Unterstützungsantrages der Verwaltungsrechtsweg gegeben sei".

Die Klage sei jedoch nicht begründet, da nicht erkennbar sei, dass der Kläger nicht das erhalte, was zur Deckung des notwendigen Lebensunterhalts erforderlich sei. Als Bemessungsgrundlage seien im Regelfall die Fürsorgesätze zu Grunde zu legen, in denen die Höhe der Unterstützungszahlungen festgelegt sei, die zur Deckung des laufenden notwendigen Lebensunterhalts erforderlich seien. Die Wohlfahrtsunterstützung, die der Kläger erhalte, sei nach diesen Richtsätzen festgelegt worden. Auch werde zu Recht die Mietbeihilfe nur zur Hälfte gezahlt, da der Kläger einen gemeinsamen Haushalt mit Frau Goldenstein führe, die ihrerseits eine Arbeitslosenfürsorgeunterstützung erhalte, in der eine Mietbeihilfe von 25% enthalten sei. Eine Arbeitsleistung der Frau Goldenstein sei nicht als Beschäftigung im Sinne einer Haushälterin zu werten, vielmehr handle es sich um eine gemeinsame Haushaltsführung. Andernfalls hätte diese keinen Anspruch auf Arbeitslosenfürsorgeunterstützung. Der Pflegebedürftigkeit des Klägers sei bereits mit der Gewährung einer Pflegezulage i.H.v. 10 DM und einer Ausgleichszulage von 3 DM Rechnung getragen worden. Ein darüber hinausgehender Anspruch könne dem Kläger nicht zugebilligt werden, da nicht erkennbar sei, dass seine Hilfsbedürftigkeit so groß sei, dass ihm über den allgemeinen Richtsatz und die gewährten Zulagen hinaus weitere Unterstützungsleistungen gewährt werden müssten. Hinzu komme, dass durch die Bewilligung einer Alterszulage und durch Erhöhung der Pflegezulage sowie der Teuerungszulage die Leistungen an den Kläger auf 71,50 DM erhöht worden seien und ihm in dem angefochtenen Beschluss eine einmalige Zahlung von 35 DM für Winterfeuerung, Anfertigung von Zahnersatz, Beschaffung einer Brille und Erwerb von Herrenschuhen und Bettwäsche zugebilligt wurde. Dies belege, dass der Fürsorgeverband auch besonderen und individuellen Bedürfnissen des Klägers Rechnung getragen habe.

Das Urteil setzte sich mit den Richtsätzen zur Gewährung der Fürsorge und dem Ermessen der Fürsorgebehörde auseinander und stellte zutreffend fest, dass sich die Behörde an den Richtsätzen orientiert und die individuellen Bedürfnisse des Klägers ausreichend beachtet hat. Eigene Zweckmäßigkeitsüberlegungen wurden, entgegen der oft in der Literatur geäußerten Bedenken gegen eine gerichtliche Überprüfung der Entscheidungen der Verwaltung, nicht angestellt.

## 2. Zweite Instanz - OVG Lüneburg

Gegen das erstinstanzliche Urteil legte der Kläger form- und fristgerecht Berufung beim OVG Lüneburg ein, die jedoch mit Urteil vom 26.11.1952 zurückgewiesen wurde.[241] Das zur Durchführung der Berufung erbetene Armenrecht wurde dem Kläger durch Beschluss vom 13.08.1952 verwehrt.

Entscheidend war auch hier, dass das OVG die Berufung für zwar zulässig, aber nicht begründet hielt, da der festgestellte Sachverhalt keinen Anhalt dafür gebe, dass die Fürsorgebehörden der besonderen Lage des Klägers nicht ausreichend Rechnung getragen hätten. Die Richtsätze seien auf den „notwendigen", den einfachsten Lebensbedarf ausgerichtet. Der Kläger verkenne das Wesen der Fürsorgeunterstützung, sie sei nicht Ersatz für Währungsverluste und nicht seinen früheren Vermögensverhältnissen angepasst, sondern allein danach zu bemessen, was der Bedürftige benötige, um seinen notwendigen Lebensbedarf zu decken und eine Lebenshaltung ohne jeden Aufwand zu bestreiten. Die Richtsätze gewährten dem Hilfsbedürftigen diejenige Unterstützung, die für die Erhaltung seines Lebens und seiner Gesundheit erforderlich sei und würden in angemessenen Zeitabständen, angepasst an die allgemeinen Preissteigerungen, erhöht. Auch könne nicht berücksichtigt werden, ob die Notlage des Fürsorgebedürftigen selbst verschuldet sei oder ob er für sie nicht verantwortlich gemacht werden könne. Der Kläger hatte hierzu vorgetragen, er sei durch die Währungsumstellungen in den Jahren 1923 und 1948 um annähernd 80.000,- Mark „betrogen" worden, seine Hilfsbedürftigkeit sei daher nicht selbst verschuldet. Das Gericht wies diese Argumentationsmuster zurück, angesichts der großen Zahl der Bedürftigen in der Nachkriegszeit spielten derartige Erwägungen keine Rolle mehr.

Das OVG Lüneburg setzte sich auch mit dem Vorbringen des Klägers auseinander, die Kürzung der Mietbeihilfe sei nicht rechtmäßig. Hierzu führte es aus, dass es der mit dem Kläger einen Haushalt führenden Frau Goldenstein zuzumuten sei, den hälftigen Mietzins zu zahlen. Dass sie seine Haushälterin sei und eine entsprechende Entlohnung verlangen könne, widerspreche dem festgestellten Sachverhalt und der allgemeinen Lebenserfahrung. Es sei daher nicht richtig, wenn der Kläger den gesamten Miet-

241 OVG Lüneburg vom 26.11.1952, Az.: IV OVG A 21/52, Akte des Bundesarchives Bestandssignatur B 139 Archivnummer 60 (nicht paginiert), Urteilssammlung des Niedersächsischen Landesarchivs Nds. 731 Hannover Acc. 122/93 Nr. 389: Urteilssammlung 3. Kammer A1/51 – 74/51.

zins von der Fürsorgeunterstützung abziehe und auf dieser Basis argumentiere, die Unterstützung reiche nicht für seinen Lebensbedarf.

Die Revision wurde nicht zugelassen.

Für die Rechtsentwicklung und als argumentative Basis für das spätere Urteil des Bundesverwaltungsgerichts maßgeblich war, dass das OVG relativ knapp die Begründetheit des Anspruchs abwies und damit einer inhaltlichen Diskussion über Angemessenheit und Höhe der Richtsätze oder Erwägungen zur Einzelfallgerechtigkeit den Boden entzog, sondern hingegen der systematischen Weichenstellung den Vorzug gab, die Zulässigkeit einer solchen Klage grundsätzlich zu bejahen - denn bei offensichtlicher Unbegründetheit wäre ein Hinweis darauf, dass die Zulässigkeit jedenfalls dahinstehen könne, grundsätzlich auch möglich und handwerklich unangreifbar gewesen.

Der Kläger erhob am 29.01.53 Nichtzulassungsbeschwerde, die Frist wurde durch Eingang am 31.01.53 gewahrt. Dieser Beschwerde wurde am 04.02.53 durch Beschluss des OVG nicht abgeholfen, so dass eine Entscheidung des BVerwG ergehen musste.

## II. Gutachten durch Bundesrichter Witten

### 1. Gutachten vom 15.06.1953

Im Hinblick auf die Beschlussfassung durch das BVerwG verfasste der dem Zweiten Senat zugehörige Bundesrichter Witten am 15.06.1953 ein Gutachten, in dem er empfahl, die Beschwerde gegen Nichtzulassung der Revision abzuweisen.

Nach Darstellung und Zusammenfassung des Sachverhalts widmete sich das Gutachten den im Fall angelegten rechtlichen Einzelfragen.

Zunächst wurde die grundsätzliche Frage diskutiert, ob dem Hilfsbedürftigen überhaupt ein im Verwaltungsrechtsweg verfolgbarer Rechtsanspruch auf Fürsorgeleistungen zustehe. Mit Bezugnahme auf die zu diesem Thema bereits ergangenen Urteile der Landesverwaltungsgerichte stellte der Gutachter fest, dass die aufgeworfene Rechtsfrage „neuerdings überwiegend bejaht“ werde. Bundesrichter Witten erklärte, es sei wünschenswert, dass das Bundesverwaltungsgericht hierzu Stellung nehme. Allerdings sei eine Klärung dieser grundsätzlichen Frage im vorliegenden Rechtsstreit nicht zu erwarten, da eine etwa zugelassene Revision zurückgewiesen werden müsse und es daher keiner Stellungnahme bedürfe. Überdies hätte die Frage nach einem materiellen subjektiven Recht des

Fürsorgeempfängers keine praktische Bedeutung; diesbezüglich bezog sich Witten auf Bachof, der ein formelles subjektives Recht, also ein Recht auf fehlerfreie Ausübung des Ermessens, anerkenne.[242]

Weiterhin ging der Gutachter auf die „heikle Frage“[243] ein, ob die allgemeinen Fürsorgesätze zu niedrig seien. Da die Richtsätze nach ihrer gesetzlichen Regelung im Einzelfall über- und unterschritten werden dürften und die Fürsorgebehörde hiervon auch wiederholt Gebrauch gemacht hätte, könne kein Rechtsfehler darin gesehen werden, dass das OVG einen Ermessensmissbrauch der Fürsorgebehörde verneint und weitergehende Leistungen abgelehnt habe.

Schließlich ging Witten auf das Problem der Rechtsfigur der sogenannten Familiennotgemeinschaft ein. Dabei handle es sich um den Versuch der Fürsorgebehörden, „die Unterstützung von Hilfsbedürftigen abzulehnen, die Angehörige haben, die ihnen Unterhalt gewähren könnten, obwohl sie nach bürgerlichem Recht nicht unterhaltspflichtig sind, [u.a. auch] ... Personen, die mit dem Hilfsbedürftigen in einem eheähnlichen Verhältnis leben“[244]. Da weder Fürsorgebehörde noch Hilfsbedürftiger den nur sittlich Verpflichteten in Anspruch nehmen könne, sei diese Rechtsfigur von der Rechtsprechung nicht anerkannt worden, was von den Fürsorgebehörden als weltfremd kritisiert würde. Hierzu sei eine Stellungnahme des Bundesverwaltungsgerichts zwar erwünscht, der vorliegende Fall dafür jedoch nicht geeignet, da man dem Kläger mit Zulassung der Revision keinen Gefallen täte. Zahlte man ihm die volle Mietbeihilfe, weil Frau Goldenstein als Haushälterin anerkannt würde, ginge sie der Arbeitslosenfürsorgeunterstützung verlustig.

Aus diesen Gründen sei die Nichtzulassungsbeschwerde abzuweisen.

Auch Bundesrichter Baring trat den Ausführungen seines Kollegen Witten in einer Anmerkung zu dem Gutachten bei; die Klärung einer Rechtsfrage von grundsätzlicher Bedeutung sei, so führte er aus, wohl nicht zu erwarten, da die „Entscheidung nicht auf grundsätzlichen und interessanten Fragen beruht, sondern auf einer Würdigung tatsächlicher Verhältnisse“. Schließlich ergänzte Baring seine Ausführungen dahingehend, dass ihm „das ‚Paar‘ Schüler-Goldenstein aus anderer Sache in deutlicher Erinne-

---

242 Zur Position Bachofs vgl. oben C.II.2.

243 Gutachten Witten, S. 4, Akte des Bundesarchives Bestandssignatur B 139 Archivnummer 60 (nicht paginiert).

244 Gutachten Witten, S. 5, Akte des Bundesarchives Bestandssignatur B 139 Archivnummer 60 (nicht paginiert).

rung [sei]. Auch in jener Sache drohte [ihm] der Kläger geschmackvollerweise in seiner mickrigen Handschrift mit dem Russen!".[245]

Am 29.06.1953 teilte auch der Oberbundesanwalt mit, sich nicht am Verfahren zu beteiligen, da ein anderer Rechtsstreit „für die Austragung der Rechtsfragen günstiger gelagert" sei.[246]

Am 26.08.1953 wurde die Beschwerde des Klägers bzgl. der Nichtzulassung der Revision unter Mitwirkung der Richter des Zweiten Senats Senatspräsident Wirchert als Vorsitzenden, Bundesrichter Witten und Bundesrichter Zinser abgewiesen; diese Entscheidung ging dem Kläger nach Aktenlage jedoch nicht zu. Es scheint, als sei zunächst abgewartet worden, ob das Gericht in einem anderen Fall die Möglichkeit erhalten würde, sich zur Frage der Klagbarkeit des Fürsorgeanspruches zu äußern.

## 2. Gutachten vom 23.11.1953

Am 23.11.1953 wurde ein weiteres Gutachten durch Bundesrichter Witten zur erneuten Beschlussfassung gefertigt, diesmal jedoch mit der Empfehlung, die Revision zuzulassen. Witten erklärte, dass sein Vorschlag, die Beschwerde abzuweisen, auf der Überlegung beruht hätte, dass Frau Goldenstein die Arbeitslosenfürsorgeunterstützung gekürzt werden würde, sollte sie als Haushälterin des Klägers anerkannt werden. Auch hätte er erwartet, dass „der Senat in einer anderen geeigneteren Sache die Zulassung zur Revision beschließen würde, in der zu den Fragen des Rechtsanspruches des Hilfsbedürftigen und der sog. Familiennotgemeinschaft Stellung genommen werden könnte."[247] Dies sei jedoch nicht eingetreten, und so empfehle er nun eine erneute Beschlussfassung des Senats, die Sache doch zur Revision zuzulassen. Er führte dazu das (vordergründige) Argument ins Treffen, das Urteil des OVG zur Mietkürzung sei nicht einwandfrei begründet. Das Gericht hätte die Lebensgemeinschaft der Partner und die gemeinsame Mittelverwendung feststellen sollen; das OVG nämlich führe aus, es sei Frau Goldenstein zuzumuten, dass sie zur Miete beitrage, stelle aber nicht fest, dass sie sich tatsächlich an den Mietkosten beteilige. Sollte die Behauptung des Klägers zutreffen, dass Frau Goldenstein als seine Haushälte-

245 Gutachten Witten, Anm. Baring, S. 7, Akte des Bundesarchives Bestandssignatur B 139 Archivnummer 60 (nicht paginiert).

246 Blatt 9 der Akte des Bundesarchives Bestandssignatur B 139 Archivnummer 58.

247 Gutachten Witten (2), S. 1, Akte des Bundesarchives Bestandssignatur B 139 Archivnummer 60 (nicht paginiert).

rin tätig sei und wegen ihrer Leistungen mietfrei wohne, sei der Kläger insoweit hilfsbedürftig, „wenn man nämlich den Rechtsanspruch des Bedürftigen auf Fürsorgeleistungen bejaht, den Grundsatz der sog. Familiennotgemeinschaft aber verneint. Streng genommen ist es also unvermeidlich, auf diese beiden Fragen einzugehen.“[248]

Ein entsprechender Beschluss derselben Richter des Zweiten Senats, auf die Beschwerde des Klägers hin werde die Entscheidung über die Nichtzulassung der Revision aufgehoben und die Revision zugelassen, datiert vom 02.12.1953 und wurde dem Kläger nach Aktenlage am 15.01.1954 zugestellt.

## III. Gründe für die erneute Beschlussfassung

### 1. Vorbemerkung

Als Ursache für die Änderung des Gutachtens und die nachträgliche Entscheidung, die Revision doch zuzulassen, kommt eine Reihe von Umständen in Betracht. Die Tatsache, dass es in dem im zweiten Gutachten genannten „günstiger gelagerte[n] Fall“ doch nicht zu einer Entscheidung des Bundesverwaltungsgerichts gekommen war, als auch die räumliche und personelle Nähe zum OVG Berlin als Nachfolgeinstanz des preußischen OVG sowie verschiedene Impulse aus den Urteilen anderer Oberverwaltungsgerichte und des Bundesverfassungsgerichts, hier insbesondere die Entscheidung „Hinterbliebenenrente“, beeinflussten die Entscheidung des Zweiten Senats möglicherweise.

In zwei Entscheidungen des OVG Berlin aus dem Jahre 1953 war ebenfalls ein klagbarer Anspruch auf Fürsorgeunterstützung bejaht bzw. vorausgesetzt worden. Diese Entscheidungen wurden im Gutachten des Innenministeriums zur Frage des klagbaren Anspruchs auf Fürsorgeleistungen explizit als Anlass bezeichnet, aufgrund dessen der Oberbundesanwalt beim Innenministerium um Mitteilung seiner Rechtsauffassung gebeten habe.

248 Gutachten Witten (2), S. 2, Akte des Bundesarchives Bestandssignatur B 139 Archivnummer 60 (nicht paginiert).

## 2. Nähe zum OVG Berlin

Das Oberverwaltungsgericht Berlin verstand sich als Nachfolger des preußischen Oberverwaltungsgerichts. Dieses war mit dem preußischen Verwaltungsgerichtsgesetz vom 3. Juli 1875 errichtet worden[249] und hatte seinen Sitz seit 1907 in dem hinter dem Bahnhof Zoo gelegenen repräsentativen Gebäude in der Hardenbergstraße 31.[250] Während der nationalsozialistischen Herrschaft wurden die Kompetenzen des Preußischen Oberverwaltungsgerichts stetig abgebaut, bis seine Tätigkeit schließlich völlig zum Erliegen kam.[251]

Das OVG Berlin residierte von 1951 bis 1953 ebenfalls in der Hardenbergstraße 31 in Berlin, bis das Gebäude am 08.06.1953 Sitz des Bundesverwaltungsgerichts wurde. Dieses verblieb bis zu seinem Umzug nach Leipzig im Jahre 2002 in diesem Gebäude.[252]

Auch gab es personelle Verflechtungen des OVG Berlin mit dem Bundesverwaltungsgericht: Den Personalnachrichten des Oberverwaltungsgerichts Berlin in Bd. 1 der Entscheidungen des OVG Berlin[253] zufolge schieden drei Mitglieder des Richterkollegiums infolge Übernahme an das Bundesverwaltungsgericht in Berlin aus. Darunter befand sich der Senatspräsident Knoll, der mit Wirkung vom 20.04.1953, also zehn Monate vor Revisionseinlegung durch den Kläger, an das Bundesverwaltungsgericht gewechselt und dort Vorsitzender des Fünften Senats geworden war. Sowohl das Urteil des OVG Berlin vom 29.06.1951[254] als auch die im Folgenden dargestellten Urteile vom 23.03.1953 und 22.05.1953 sind jeweils vom Zweiten Senat des OVG entschieden worden. Der zeitliche Ablauf lässt die Möglichkeit offen, dass der Senatspräsident Knoll zumindest an den beiden erstgenannten Urteilen des OVG Berlin mitgewirkt haben könnte und

249 Frotscher/Pieroth, Verfassungsgeschichte, Rz. 422.

250 Stephan Felix Pauly, Organisation, Geschichte und Praxis der Gesetzesauslegung des (Königlich) Preußischen Oberverwaltungsgerichtes 1875–1933 (= Rechtshistorische Reihe Bd. 54). Frankfurt am Main u.a.: Peter Lang 1987, S. 65.

251 Wolfgang Kohl, Das Reichsverwaltungsgericht. Ein Beitrag zur Entwicklung der Verwaltungsgerichtsbarkeit in Deutschland (= Beiträge zur Rechtsgeschichte des 20. Jahrhunderts, Bd. 4). Tübingen: Mohr Siebeck 1991, S. 399 ff.

252 Oberverwaltungsgericht Berlin-Brandenburg, Geschichte der Verwaltungsgerichtsbarkeit in Berlin und Brandenburg; http://www.berlin.de/gerichte/oberverwaltungsgericht/das-gericht/geschichte/ (abgerufen: 01.05.2016).

253 Entscheidungen des Oberverwaltungsgericht Berlin, Bd. 1,19 154, S. XXV.

254 DÖV 1953, S. 375.

seine Rechtsauffassung nunmehr in die Rechtsprechung des Bundesverwaltungsgerichts einbrachte.

Dafür, dass er in Fürsorgesachen Erfahrung hatte, spricht auch die Tatsache, dass nach seinem im April 1954 erfolgten Wechsel an das Bundesverwaltungsgericht im Zeitraum zwischen April und Juni des Jahres 1954 das Aktenzeichen des Falles Schüler/Goldenstein und der mit der Sache befasste Senat wechselte, wobei nunmehr der Fünfte Senat unter Senatspräsident Knoll Zuständigkeit erlangte.

### 3. OVG Berlin vom 22.05.1953 (OVG II B 188/52)

Im Urteil des OVG Berlin vom 22.05.1953 (OVG II B 188/52) stellte das OVG fest, dass gemäß Art. 12 der Berliner Verfassung ein subjektiv-öffentliches Recht auf Sozialunterstützung bestehe. Die durch die Verfassung geschützten Grundrechte seien auch für die Verwaltung verbindlich (Art. 1 Abs. 3 GG) und bestünden unabhängig von einer ausdrücklichen Anerkennung durch die jeweilige Behörde. Das Urteil zitierte die bereits ergangenen gleichgelagerten Urteile des Bayerischen VGH, des OVG Lüneburg und des OVG Münster sowie des Hamburger OVG.

### 4. OVG Berlin vom 23.03.1953 (OVG II B 252/52)

In der Entscheidung vom 23.03.1953 (OVG II B 252/52) stellte das OVG Berlin fest, dass die Klägerin nach Art. 14 der Berliner Verfassung und § 6 Reichsgrundsätze einen Anspruch auf Zuweisung eines Blindenhundes habe, da zum notwendigen Lebensbedarf eines Blinden auch die Erwerbsbefähigung gehöre. Die zuständige Behörde könne sich dagegen nicht auf ihre Richtlinien berufen, da diese Verwaltungsanordnungen darstellen, die das Gericht nicht binden.

### 5. BVerfGE 1, 97 vom 19.12.1951 („Hinterbliebenenrente“)

Auch das BVerfG hat in seiner als „Hinterbliebenenrente“ bezeichneten Entscheidung vom 19.12.1951 zur Ableitung sozialer Ansprüche aus grundrechtlichen Gewährleistungen, hier konkret zur Frage eines verfassungsmäßigen Rechts auf Fürsorge Stellung genommen und den Weg für die Entscheidung des Bundesverwaltungsgerichts vorgezeichnet in dem es ausführte, „[...] Art. 2 Abs. 2 Satz 1 GG räumt dem Einzelnen gerade kein Grundrecht auf angemessene Versorgung durch den Staat ein. Die vom Ausschuss für Grundsatzfragen des Parlamentarischen Rates vorgeschlagene Bestimmung über das Recht auf ein Mindestmaß an Nahrung, Kleidung und Wohnung ist später gestrichen und in das Grundgesetz nicht aufgenommen worden. Man hat sich darauf beschränkt, negativ ein Recht auf Leben und körperliche Unversehrtheit zu statuieren, d. h. insbesondere den staatlich organisierten Mord und die zwangsweise durchgeführten Experimente an Menschen auszuschließen. Aus Art. 2 GG kann daher ein Recht auf Zuteilung bestimmter, das allgemeine Maß öffentlicher Fürsorge übersteigender Renten nicht hergeleitet werden."

Das Bundesverfassungsgericht ging dabei von dem Grundgedanken aus, dass die Grundrechte den Schutz des Einzelnen gegen den Staat, nicht hingegen die Verleihung von Ansprüchen durch den Staat zum Gegenstand hätten. Zwar sei, gerade angesichts der Folgen des Zweiten Weltkriegs, der Gedanke der Fürsorge verstärkt hervorgetreten, gleichwohl habe "dieser – vergleichsweise neue – Gedanke des Anspruchs auf positive Fürsorge durch den Staat [...] in die Grundrechte nur in beschränktem Maße Eingang gefunden."[255] Ansprüche auf staatliche Leistungen könnten weder aus der Gewährleistung der Menschenwürde, noch aus dem Grundrecht auf Leben und körperliche Unversehrtheit hergeleitet werden. Auch aus der Verpflichtung des Staates, die Menschenwürde zu achten und zu schützen, sei kein Anspruch auf Fürsorgeleistungen abzuleiten. Sie bedeute nur, dass der Staat verpflichtet sei, Gefährdungen und Angriffe durch Dritte wie Erniedrigung, Brandmarkung und Verfolgung zu verhindern.

Der erkennende Senat machte das Vorverständnis des Bundesverfassungsgerichts von den Grundrechten als Abwehrrechten, d.h. als Freiraum des Einzelnen vor Eingriffen des Staates, an dieser Stelle besonders deutlich.[256]

Mit der Entscheidung „Hinterbliebenenrente" setzte sich das Bundesverfassungsgericht also in Gegensatz zu den Entscheidungen der Oberverwaltungsgerichte Münster[257], Hamburg[258] und Lüneburg[259], deren entscheidende Argumentation um die Möglichkeit kreist, Art. 2 GG eine positive Dimension zu entnehmen und aus ihm ein Recht auf Existenzsicherung

255 BVerwGE 1, 97, 104 ff.

256 So auch Friauf, DVBl. 1971, S. 674, 676.

257 S. o. Kap. C.I.2.

258 S. o. Kap. C.I.2.

259 S. o. Kap. C.I.2.

durch den Staat abzuleiten. Die Entscheidung des Bundesverfassungsgerichts kann als Reaktion auf diese Urteile verstanden werden; der entscheidende Senat betonte, dass die Grundrechte als Abwehrrechte und das Sozialstaatsprinzip als Gegenpol zu den Grundrechten zu verstehen seien:

„Damit ist zwar nicht gesagt, dass der Einzelne überhaupt kein verfassungsmäßiges Recht auf Fürsorge hat. Wenn auch die Wendung vom „sozialen Bundesstaat“ nicht in den Grundrechten sondern in Art. 20 des Grundgesetzes (Bund und Länder) steht, so enthält sie doch ein Bekenntnis zum Sozialstaat, das bei der Auslegung des Grundgesetzes wie bei der Auslegung anderer Gesetze von entscheidender Bedeutung sein kann. Das Wesentliche zur Verwirklichung des Sozialstaates aber kann nur der Gesetzgeber tun; er ist gewiss verfassungsrechtlich zu sozialer Aktivität, insbesondere dazu verpflichtet, sich um einen erträglichen Ausgleich der widerstreitenden Interessen und um die Herstellung erträglicher Lebensbedingungen für alle die zu bemühen, die durch die Folgen des Hitlerregimes in Not geraten sind. Aber nur wenn der Gesetzgeber diese Pflicht willkürlich, d. h. ohne sachlichen Grund versäumte, könnte möglicherweise dem Einzelnen hieraus ein mit der Verfassungsbeschwerde verfolgbarer Anspruch erwachsen.

Davon kann hier wegen des Umfanges der allgemeinen Notlage auf der einen Seite und im Hinblick auf die nach sorgfältiger Prüfung gewährten Rentenansprüche auf der anderen Seite offenkundig nicht gesprochen werden[...].“[260]

Indem die Grundrechte durch ihre defensiv verstandene Schutzrichtung den erforderlichen positiven Schutz, respektive den Leistungsanspruch nicht gewähren könnten, leitete das Bundesverfassungsgericht den erforderlichen Schutz aus dem Sozialstaatsprinzip her. Das Gericht verstand „Grundrechte und Sozialstaatsprinzip getrennt, wenn nicht antinomisch; [...] das Sozialstaatsprinzip wächst damit in eine Komplementärfunktion zu den Grundrechten hinein.“[261]

Insofern differenzierte das Bundesverfassungsgericht deutlich zwischen Grundrechten als Abwehrrechten und dem Sozialstaatsbekenntnis des Art. 20 GG, aus dem die Pflicht des Gesetzgebers resultiere, das zur Verwirklichung des Sozialstaates Notwendige zu veranlassen. Hieraus folgerte das Gericht in einer seiner ersten Entscheidungen, dass sich ein Anspruch

260 BVerwGE 1, 97, 104 ff.

261 Friauf, DVBl. 1971, S. 674, 676, so auch Volker Neumann, Antrittsvorlesung vom 19.05.1994 an der HU Berlin, http://edoc.hu-berlin.de/humboldt-vl/neumann-volker/PDF/Neumann.pdf (zuletzt abgerufen am 25.08.2014).

auf Gewährung von Fürsorgeleistungen nicht unmittelbar aus dem Grundgesetz herleiten lasse. Um Ansprüche Einzelner zu schaffen, müsse der Gesetzgeber tätig werden.[262]

Diese Entscheidung ist als klare Absage an die Rechtsauffassung der Oberverwaltungsgerichte zu verstehen, die ein einklagbares Recht auf Fürsorge aus Art. 2 GG in Verbindung mit dem Bekenntnis zum Rechts- und Sozialstaat hergeleitet hatten.

Die Auslegung des Grundgesetzes und der anderen Gesetze im Lichte des Sozialstaatsprinzips ist, wie noch zu zeigen sein wird, auch ein tragender Begründungsstrang des Urteils des Bundesverwaltungsgerichts. Durch diesen wird nach heutiger Lesart ein Recht auf Mindestsicherung zwar nicht als ein unmittelbar verfassungsrechtlich verbürgtes Recht, aber doch als ein durch menschenwürdekonforme Auslegung des Gesetzes gewonnener, einklagbarer Anspruch anerkannt.[263]

### 6. BVerfGE 2, 336 vom 17.06.1953 („Armenanwalt“)

Auch die Entscheidung des Bundesverfassungsgerichts vom 17.06.1953 könnte einen Impuls für die Entscheidung des Bundesverwaltungsgerichts gegeben haben. In der Entscheidung BVerfG 2, 336 wurden die Auswirkungen der Leitgedanken des Grundgesetzes sowie gewandelter gesellschaftlicher Anschauungen und sozialer Entwicklungen auf die Auslegung vorkonstitutioneller Gesetze thematisiert.

Das Bundesverfassungsgericht führte zur Frage nach der Bewilligung von Armenrecht aus, dass die Gerichte nach Inkrafttreten des Grundgesetzes zu prüfen hätten, ob vorkonstitutionelle Entscheidungen des Gesetzgebers seit dem 23.05.1949 noch mit dem Grundgesetz vereinbar seien. Denn die Gerichte seien seit diesem Tage an die Grundrechte des Grundgesetzes gebunden und müssten sie auch bei der Auslegung sonstiger gesetzlicher Bestimmungen beachten (Art. 1 Abs. 3 GG).

Einer entsprechenden Auslegung könne nicht entgegengehalten werden, es sei Sache des Gesetzgebers gewesen, nach Inkrafttreten des Grund-

262 Zur Wechselwirkung der beiden Urteile und den Anmerkungen zur Entscheidung des Bundesverfassungsgerichts, auch im Hinblick auf den Würdebegriff Manfred Baldus, Kämpfe um die Menschenwürde, Die Debatten seit 1949, Suhrkamp, Berlin 2016, S. 61 ff.

263 Volker Neumann, Menschenwürde und Existenzminimum, Antrittsvorlesung vom 19. Mai 1994, S. 5f., http://edoc.hu-berlin.de/humboldt-vl/neumann-volker/PDF/Neumann.pdf; Baldus, Menschenwürde, S. 64ff.

gesetzes eine dem Gleichheitssatz entsprechende Regelung zu treffen; die Gerichte könnten nicht an seiner Stelle handeln. Im Allgemeinen sei es zwar richtig, dass eine vom Gesetzgeber unterlassene Regelung nicht durch die Gerichte nachgeholt werden kann. „Hier liegt es aber so, dass vom Boden des geltenden Rechts aus, das den Anwaltszwang eingeführt hat, nur noch eine Regelung denkbar ist, die dem Gleichheitssatz Rechnung trägt, nämlich die Bewilligung des Armenrechts. Da sie mit dem Gesetzeswortlaut vereinbar ist, kann sie von den Gerichten im Wege der Auslegung an die Stelle der bisherigen Auslegung gesetzt werden."

Das Bundesverfassungsgericht hielt dafür, durch diese Auslegung eine mit den Wertungen des Grundgesetzes vereinbare Anwendung der einfachgesetzlichen vorkonstitutionellen Vorschriften vorzunehmen. Eine ähnliche Argumentation klang bereits im Urteil des VGH Stuttgart vom 15.01.1953 an. Darin führte das Gericht mit Blick auf die geänderten sozialen und gesellschaftlichen Verhältnisse aus, es sei in Rechtsprechung und Wissenschaft anerkannt, dass „solche Entwicklungen auf die Auslegung älterer Gesetze entscheidenden Einfluss haben und zu anderen Ergebnissen führen" können. Aufgabe des Richters sei es, „unter Berücksichtigung der sozialen Wirklichkeit enge und rückständige positive Vorschriften fortzubilden". Ob die Veränderung der sozialen Verhältnisse[264] und die Generalklausel der Verwaltungsgerichtsbarkeit als Verfahrensvorschrift[265] ausreichten, um eine solche Änderung der Auslegung herbeizuführen, könne jedoch in dem zu entscheidenden Fall dahinstehen. Der VGH Stuttgart bezog sich in seiner Argumentation nur auf die veränderten Umstände, wohingegen das Bundesverfassungsgericht weitergehend und dogmatisch zutreffend die Normen und Wertungen des Grundgesetzes als Basis für seine Anpassung vorkonstitutioneller Gesetze heranzog.

Diesen Argumentationsansatz kann auch das Bundesverwaltungsgericht für die Frage nach einem Anspruch auf Fürsorgeleistungen nutzbar machen, hierin kann ein weiterer Grund für die Entscheidung gesehen werden, die Revision zuzulassen.

### 7. Geeignetheit des Falles Schüler/Goldenstein

Auch unter dem im ersten Gutachten des Bundesrichters Witten bereits angesprochenen Aspekt der mangelnden Begründetheit schien der Sach-

264 Hier nahm der VGH Bezug auf Naumann, DVBl. 1949, S. 442.
265 Vergl. die Argumentation im Urteil des Bayerischen VGH, oben C.III.1.b)(1).

verhalt des Falles Schüler/Goldenstein geeignet, ein subjektiv-öffentliches einklagbares Recht des Fürsorgebedürftigen anzuerkennen. Den ablehnenden Äußerungen im Schrifttum und in der Rechtsprechung einiger Verwaltungsgerichte der Länder konnte durch die Verneinung der Begründetheit zumindest dahingehend Rechnung getragen werden, dass ein in Geld bemessener, auszuzahlender Anspruch gegen die Behörde im vorliegenden Fall nicht ausgeurteilt werden musste. Eine höchstrichterliche Anerkennung der Rechtsposition des Hilfsbedürftigen konnte somit erfolgen, ohne dass solchermaßen die so oft geäußerten Befürchtungen nach einer unkontrollierbaren Ausweitung der Leistungen genährt würde.

## IV. Vortrag der Parteien

Am 15.01.1954 beantragte der Kläger, das Armenrecht zu bewilligen und ihm einen Anwalt beizuordnen, was mit Beschluss am 25.01.1954 durch das BVerwG auch erfolgte. Der beigeordnete RA Hammes verfasste am 08.02.1954 eine Revisionsanzeige, mit Schriftsatz vom 08.03.54 folgte die Revisionsbegründung.

### 1. Revisionsbegründung Kläger

In der Revisionsbegründung wurde die Verletzung von
§§ 1, 3a, 6, 15 FürsorgepflichtVO (vom 13.02.1924);
§§ 1,2,5,6,8 Reichsgrundsätze (vom 01.08.1931);
Ziffer 1 Abs. 1 und 2 Runderlass RMDI/ RAM über die öffentliche Fürsorge, insbes. Aufbau der Richtsätze (vom 31.10.1941);
Art. 2, 19, 20 Grundgesetz;
§§ 61, 62, 63, 65 MRVO Nr. 165 (Brit.);
§ 286 ZPO
gerügt.

Nach Rechtsauffassung des Revisionsführers sei durch seine Hilfsbedürftigkeit ein subjektiv-öffentliches Recht auf Fürsorgeunterstützung gegeben, aus dem ein klagbarer Rechtsanspruch auf Zubilligung der erforderlichen Fürsorgeleistungen resultiere.

Das aus Art. 2 S. 1 GG folgende Recht auf körperliche Unversehrtheit sei ein mit Klage verfolgbarer Rechtsanspruch, da es sich nicht um eine programmatische Erklärung, sondern eine aktuell geltende Rechtsnorm handle. Art. 1 Abs. 1 und 2 GG seien zwar nur programmatische Forderungen, die nachfolgenden Grundrechte hingegen unmittelbar geltendes Recht. Ein subjektiv-öffentliches Recht folge daher schon aus dem Grundgesetz.

Hierauf beziehe sich Art. 19 Abs. 4 Satz 1 GG, der den Rechtsweg für denjenigen eröffne, der in seinen Rechten durch die öffentliche Gewalt verletzt sei. Dies bedeute nicht nur negative Abwehr, sondern auch positiven Schutz, da die Bundesrepublik nach Art. 20 GG ein sozialer Bundesstaat sei.

Das Recht auf Leben zu gewährleisten, sei eine Aufgabe des Staates, auf die ein Rechtsanspruch des Einzelnen bestehe; dieser habe ein „Recht auf Existenzsicherung". Mit Verweis auf die landesgerichtliche Rechtsprechung und Teile der Literatur[266] argumentierte der Kläger bzw. sein Anwalt, dieses Recht schließe auch das Recht des Hilfsbedürftigen ein, gegebenenfalls im Rechtswege dasjenige zu beanspruchen, was zum Weiterleben unerlässlich sei.

Es wird weiterhin argumentiert, dass ein solches Recht auch durch das Bundesverfassungsgericht anerkannt sei: In der Entscheidung „Hinterbliebenenrente" (BVerfGE 1, 97, 104 f.) lasse die Äußerung des BVerfG[267] im Umkehrschluss die Auffassung erkennen, dass bei einer Beeinträchtigung des Rechtes auf den unbedingt notwendigen Lebensunterhalt (im Unterschied zu „übersteigenden Leistungen" i.S.d. Entscheidung) ein subjektiv-öffentliches Recht seitens des BVerfG als gegeben anerkannt werde.

Sollte in der Bestimmung des Art. 2 GG gleichwohl nur ein Programmsatz gesehen werden, sei zu beachten, dass die FürsorgepflichtVO und die Reichsgrundsätze dieses Programm bereits konkretisiert und umgesetzt hätten, so dass eine unter dieser Annahme gesetzliche Konkretisierung bereits erfolgt sei.

Auch sei der Gesetzgeber davon ausgegangen, dass dem Hilfsbedürftigen ein Anspruch auf Schutz seiner Rechte in einem Rechtsmittelverfahren zustehe. Dies bedeute eine mittelbare Anerkennung eines zu schützenden Rechts auf Fürsorgeleistungen.

Im Vortrag des Klägers wurde anschließend aus der Entscheidung des OVG Hamburg[268] zitiert, nach der die Rechtsstaatsidee des Art. 19 IV GG im demokratischen Staat dahingehend beschrieben wurde, dass es keinen Zweig hoheitlicher Verwaltung gebe, der nicht durch unabhängige Gerichte kontrolliert werden könne. Dies beziehe sich auch auf den Bereich der Fürsorge, da andernfalls ein wichtiger Zweig der öffentlichen Verwal-

266 Siehe oben C.I.2., C.II.2.
267 BVerfGE 1, 97, 104 f.
268 Siehe oben C.I.2.c).

tung richterlicher Beurteilung fast ganz entzogen wäre. Im Gegensatz zur Weimarer Verfassung, die zwar auch ein Staat sozialer, rechtsstaatlicher und demokratischer Grundhaltung gewesen sei, habe der Grundgesetzgeber den Bürger in stärkerem Maße vor Maßnahmen von Staatsorganen schützen wollen als es die Weimarer Verfassung getan hätte.

Der Anwalt des Klägers trug zudem vor, dass die Unterstützungsleistungen zur Zeit der Klageerhebung auf 81,30 DM erhöht wurden. Er stelle anheim, dass der Beklagte darlege, worauf die weitere Erhöhung abgestellt sei. Es lasse sich aufgrund dieses Vortrages die Vermutung aufstellen, die Beschwer des Klägers sollte durch tatsächliches Verwaltungshandeln behoben und somit der Klage die Grundlage entzogen werden.

Auch lasse das angefochtene Urteil die Feststellung vermissen, dass der Kläger einen rechtlich begründeten und durchsetzbaren Anspruch gegen Frau Goldenstein habe. Er habe unwiderlegt vorgetragen, dass kein Mietvertrag bestehe, vielmehr erhalte Frau Goldenstein freie Unterkunft im Gegenzug für die Versorgung des pflege- und betreuungsbedürftigen Klägers. Sollte die Vorentscheidung darauf beruhen, dass der Kläger von Frau Goldenstein die ihr von der Arbeitslosenfürsorge hierfür zugewandte Mietbeihilfe empfange, beruhe die Entscheidung auf einem Verstoß gegen § 286 ZPO. Aus dem von der Behörde bedachten Bestimmungszweck könne kein Anspruch darauf hergeleitet werden, den entsprechenden Betrag an den Kläger abzuführen. Da dieser seinerseits keinen Anspruch auf den hälftigen Mietzins gegen Frau Goldenstein habe, könne er auch nicht auf § 8 der Reichsgrundsätze verwiesen werden, nachdem er aus eigenen Mitteln zur Unterhaltedeckung einen derartigen Anspruch einsetzen und betreiben müsse.

Die angegriffene Entscheidung beruhe tatsächlich auf dem Gesichtspunkt der sog. „Familiennotgemeinschaft". Demzufolge stehe dem Kläger zumindest ein sittlicher Anspruch auf Mietbeihilfe gegen Frau Goldenstein zu; solange dieser nicht verwirklicht sei, könne in entsprechendem Umfange die Hilfsbedürftigkeit des Klägers verneint werden.

Die Heranziehung dieser Argumentationsfigur sei jedoch nicht zulässig, das Bundesamt für Heimatwesen habe sich zwar im 65. Band, S. 95, für die Heranziehung eines sittlichen Anspruches ausgesprochen, doch handle es sich in jenem Fall um eine Auseinandersetzung zwischen Fürsorgeverbänden. Das Bundesamt habe sich nicht zu dem Rechtssatz bekannt, dass die Unterstützung verweigert werden könne, wenn der sittlich Unterhaltsverpflichtete nicht leiste. Der Grundsatz der Subsidiarität der öffentlichen Fürsorge finde da seine Grenze, wo ein gesetzlich Verpflichteter nicht helfen wolle.

Auch sei es rechtswidrig, einen Dritten zu zwingen, dem Hilfsbedürftigen Unterhalt zu leisten, indem der notwendige Lebensunterhalt vom verpflichteten Fürsorgeverband nicht geleistet werde. Die praktische Erwägung, dass die Ablehnung des Grundsatzes der Familiennotgemeinschaft zu einer unerträglichen Vermehrung der Fürsorgelasten führe, könne gegenüber der gegebenen Rechtslage keine Berücksichtigung finden.

Ebenfalls seien die Leistungen zur Deckung des Lebensunterhalts an Nahrung, Kleidung und Pflege unzureichend. Das angegriffene Urteil führe hierzu aus, dass die Richtsätze darauf abgestellt seien, unabdingbare Durchschnittsbedürfnisse zu befriedigen. Besagte Richtsätze seien den allgemeinen Preissteigerungen angepasst und in angemessenen Zeitabständen erhöht worden. Bei der Anwendung sei jedoch nicht schematisch zu verfahren, Grundsatz sei die individuelle Fürsorge. Eine zureichende Ermittlung bezüglich der besonderen Lage des Klägers, insbesondere im Hinblick auf seine Gebrechlichkeit und Pflegebedürftigkeit, sei nicht im erforderlichen Maße erfolgt. Hieraus folge die Notwendigkeit der Aufhebung und Zurückverweisung zwecks näherer Feststellungen.

Schließlich sei grundsätzlich darauf abzustellen, dass die Richtsätze zu einer bestimmten Zeit in einer bestimmten Relation zu dem amtlich geführten Lebenshaltungsindex aufgestellt wurden. Zwar wurden Teuerungszulagen gewährt, doch hätten diese im gleichen prozentualen Verhältnis erhöht werden müssen, da der Lebenshaltungsindex in seinen wesentlichen Positionen auf die Kosten von Nahrung, Kleidung und Verpflegung abgestellt sei. Es bedürfe einer Nachprüfung, ob diese Relativität angemessen gewahrt worden sei. Auch die Richtsätze, mindestens jedoch deren Anwendung, unterliegen der verwaltungsgerichtlichen Nachprüfung. Die nach den Sätzen für Sonderleistungen gewährte Unterstützung müsse ebenfalls entsprechend angepasst werden. Die Fürsorgesätze stellen nur einen Maßstab für Personen von durchschnittlicher Gesundheit dar, bei denen körperliche Unversehrtheit vorausgesetzt werde. Der Beklagte hätte feststellen müssen, welchen laufenden Mehraufwand der Kläger aufgrund seiner Gebrechlichkeit habe.

Weiterhin sei zu berücksichtigen, dass, sollte der Kläger einen Anspruch auf höhere Unterstützung haben, die entzogenen Leistungen rückwirkend gewährt werden müssten. Es sei weder vom rechtlichen noch vom sozialen Standpunkt her tragbar, dass ein zu Recht bestehender Anspruch für die Dauer des Prüfungs- und Rechtsmittelverfahrens nicht berücksichtigt würde.[269]

---

269 Akte des Bundesarchives, Bestandssignatur B139, Archivnummer 57, Blatt 8-14.

Die Revisionsbegründung griff die Argumentationsmuster der Entscheidung des OVG Hamburg auf. Hiernach ließen sich aus den Grundrechten nicht nur Abwehrrechte des Einzelnen, sondern unter Umständen auch Ansprüche auf ein positives Tun des Staates herleiten. Der Bezug auf die Entscheidung „Hinterbliebenenrente" liegt nahe, der gezogene Umkehrschluss hingegen dürfte der zweckorientierten Argumentation des Revisionsbegehrens geschuldet sein.

## 2. Revisionserwiderung Beklagte

Am 16.06.1954 erfolgte die Revisionsbegründungserwiderung des Beschlussausschusses Hannover. Darin wurde beantragt die Revision zurückzuweisen.

Zum einen sei die Klage unzulässig, da dem Kläger ein Recht auf Fürsorge nicht zustehe, zum anderen sei die Klage auch unbegründet, da es im Wesentlichen nur noch um die Gewährung der vollen Mietbeihilfe und insgesamt höherer Leistungen gehe.

Zur behaupteten Unzulässigkeit der Klage wurde in der Revisionsbegründungserwiderung auf eine nähere Begründung verzichtet und stattdessen auf den Aufsatz von Hermann Held in DÖV 1951 S. 8 ff., verwiesen. Der Kläger habe sich in seiner Revisionsbegründung weitgehend die Gesichtspunkte des OVG Münster vom 13.04.1950 in DVBl. 1951, S. 84 ff., zu eigen gemacht. Die Bedenken gegen diese Entscheidung habe Patzig in NJW 1951, S. 63, zusammengefasst. Diesem kritischen Standpunkt sei zu folgen, da es „ganz und gar unangebracht [sei,] verfassungsrechtliche untereinander nicht zusammenhängende Bestimmungen als Stützen für eine gewagte Kombination heranzuziehen, die sich aus dem positiven Fürsorgerecht nicht rechtfertigen [lasse]." Es sei angesichts der Tragweite der Konsequenzen nicht Aufgabe der Gerichte, eventuell noch vorhandene Gesetzeslücken zu überbrücken, um rechtspolitischen Forderungen zur Geltung zu verhelfen, da die ohnehin zersplitterte Materie des Fürsorgerechts darunter nur leiden könne.

Was die behauptete Unbegründetheit der Klage betraf, so wurde ausgeführt, der Hilfsbedürftige habe, ehe ihm Fürsorge gewährt werde, sein Vermögen einzusetzen. Da der Kläger Räume von 30,21 qm bewohne, sei ihm eine Vermietung zuzumuten, die er als Ertragsquelle nutzen müsse. Dass Frau Goldenstein gegen Pflegeleistungen bei ihm mietfrei wohnen dürfe, sei unerheblich, da er zum einen „noch recht rüstig und nicht so gebrechlich [sei], dass er auf ständige Pflege angewiesen wäre", zum anderen mit

Rücksicht auf seine Konstitution schon Mehrbedarfszuschläge für seine persönliche Betreuung gezahlt würden.

Auch lasse „die Anwendung der Richtsätze im vorliegenden Fall nicht erkennen, dass die Lage des Klägers nicht hinreichend und nicht individuell genug berücksichtigt worden wäre.“[270]

## V. Votum

Das Votum des Berichterstatters Kohlbrügge vom 15.06.1954 sprach sich für eine Aufhebung des Urteils und Zurückverweisung an das OVG Lüneburg aus.

Nach einer Wiedergabe des Sachverhalts wurde festgestellt, dass die Revision zulässig und frist- sowie formgerecht eingelegt worden sei.

Die veränderte Fassung des Klageantrages stelle keine Klageänderung dar, da davon auszugehen sei, „dass der Revisionsantrag dem entspreche, was der Kläger bereits in seinem ursprünglichen Klageantrag hatte zum Ausdruck bringen wollen.“[271] Selbst eine hierin gegebenenfalls zu erblickende Erweiterung des Klageantrages sei ohne Änderung des Klagegrundes nicht als Klageänderung anzusehen und daher nicht durch § 60 BVerwGG ausgeschlossen.

Das OVG habe die Zurückweisung der Berufung auf den Gedanken der sog. Familien- und Hausnotgemeinschaft gestützt, der besage, dass in einem gemeinsamen Haushalt lebende Familienmitglieder „unbeschadet einer bürgerlich-rechtlichen Unterhaltspflicht auch sittlich zu gegenseitiger zumutbarer Hilfe und zum Einstehen für ein in Not geratenes Familienmitglied verpflichtet“ seien. Hierbei finde jedoch die Subsidiarität der öffentlichen Fürsorge ihre Grenze dort, wo ein gesetzlich nicht Verpflichteter nicht freiwillig helfen wolle. Der Gedanke der Familien- und Hausnotgemeinschaft könne ohne rechtliche Bedenken auch auf Haushaltsgemeinschaften angewendet werden, wenn die Voraussetzungen einer freiwilligen sittlichen Anerkennung vorlägen. Hierzu enthalte das angegriffene Urteil jedoch keine eindeutigen Feststellungen. Die Feststellung des Berufungsurteils, Frau Goldenstein sei nicht die Haushälterin des Klägers, sei zudem nicht ausreichend begründet. Die Bezugnahme auf den gemeinsam

270 Akte des Bundesarchives, Bestandssignatur B139, Archivnummer 57, Blatt 29-31.

271 Votum, S. 6. Akte des Bundesarchives, Bestandssignatur B139, Archivnummer 57, Blatt 57 ff., (nicht kohärent paginiert).

geführten Haushalt reiche hierfür ebenso wenig aus wie der Hinweis auf die allgemeine Lebensauffassung.

Die angefochtene Entscheidung sei daher aufzuheben und an die Vorinstanz zurückzuverweisen. Hierbei werde das Berufungsgericht zu berücksichtigen haben, dass der Antrag auf Zahlung der vollen Mietbeihilfe nur abgewiesen werden könne, wenn mit ausreichender Begründung festgestellt werde, dass Frau Goldenstein die Hälfte des Mietzinses trage oder dass der Kläger es freiwillig unterlasse, einen Mietzinsanspruch gegen Frau Goldenstein geltend zu machen. Auch sei es für dieses Verfahren unerheblich, ob Frau Goldenstein ihre Arbeitslosenfürsorgeunterstützung zum Teil mit dem Bestimmungszweck erhalte, hiervon Mietzinszahlungen zu leisten. Es sei zu prüfen, ob ein Ermessensmissbrauch nicht darin liegen könnte, dass die Fürsorgebehörde der Gebrechlichkeit oder Pflegebedürftigkeit des Klägers nicht ausreichend Rechnung getragen habe.

## VI. Gutachten Innenministerium

Ein Gutachten des Innenministeriums, in dem die Frage nach einem klagbaren Anspruch auf Fürsorgeleistungen geprüft wurde, datiert vom 18.06.1954 und wurde vom Oberbundesanwalt[272] „nach Fühlungnahme mit dem Herrn Bundesminister des Inneren" mit Bitte um Berücksichtigung in dem Verfahren übersandt.

Gegenstand des Gutachtens war die Frage, ob grundsätzlich ein subjektiver Rechtsanspruch auf Leistungen der öffentlichen Fürsorge besteht, der zum Beschreiten des Klageweges berechtigt.

Der Oberbundesanwalt habe die Entscheidungen des OVG Berlin (OVG II B 252/52 und 188/52)[273] zum Anlass genommen, das Innenministerium um Mitteilung seiner Rechtsauffassung zu bitten. Er weise darauf hin, dass Rechtsprechung und Literatur offenbar zur Bejahung eines subjektiv-öffentlichen Rechts auf Fürsorgeleistungen neigten.

Da diese Frage in der Nachkriegszeit eine erhebliche Bedeutung erlangt habe, sei eine Klärung durch das Bundesverwaltungsgericht erwünscht. Auch erscheine es sinnvoll, die Prüfung auf das gesamte Bundesgebiet zu erstrecken, zum einen wegen deren grundsätzlicher Bedeutung, zum ande-

---

272 1953 gegründete Vorgängerinstitution des Vertreters des Bundesinteresses beim Bundesverwaltungsgericht (VBI), Rechtsgrundlage ist § 35 VwGO.

273 S. o., Kap. D.III.3. und 4.

ren, da das OVG Berlin unterstelle, dass in einigen Ländern bereits durch die Landesverfassungen ein solches Recht bestehe.

Das Gutachten setzte bei einer Darstellung der Rechtslage bis 1945 an. In deren Rahmen sei nach der herrschenden Meinung kein klagbarer Rechtsanspruch gegeben, es bestehe lediglich ein sogenanntes „Reflexrecht“. Aus der Verordnung über die Fürsorgepflicht vom 13.02.1924 ergab sich für die Fürsorgeverbände die Pflicht, einem Bedürftigen Hilfe zu gewähren, ohne dass diesem jedoch ein klagbarer Anspruch zustand. Der Gesetzgeber habe sogar die Wendung „Fürsorgeberechtigte“ durch „Hilfsbedürftigen“ ersetzt, um dies klarzustellen.

In weiterer Folge wandte sich das Gutachten der Rechtslage nach 1945 zu; die Veränderungen des soziales Gefüges durch Krieg und Kriegsfolgen sowie die neue Stellung des Einzelnen zum Staat habe in der Rechtsprechung der überwiegenden westdeutschen Oberverwaltungsgerichte einen Wechsel in der Rechtsprechung bewirkt; ein Recht auf Klage des Fürsorgeberechtigten sei daher anerkannt. Diese Entwicklung sei deshalb bemerkenswert, da das materielle Fürsorgerecht selbst keine Änderung erfahren habe. Dem Fürsorgesuchenden stünden nach den Rechtsgrundlagen als Rechtsmittel nur die im Verwaltungsverfahren zugelassenen Hilfsmittel zu. Ein Recht auf Klage vor dem Verwaltungsgericht sei im Fürsorgerecht nicht verankert.[274]

Die Argumente für die Anerkennung eines klagbaren Rechts auf Fürsorge und Unterstützung ergaben sich nach dem Gutachten im Wesentlichen aus folgenden Quellen: der geschichtlichen Entwicklung des Fürsorgerechts, dem neuen Grundgesetz, den ebenfalls neuen Verfassungen der Länder, sowie der Verwaltungsgerichtsgesetzgebung.

Hinsichtlich der geschichtlichen Entwicklung seien als Meilensteine besonders hervorzuheben die Armenpflege, das Unterstützungswohnsitzgesetz und die Reichsfürsorgeverordnung. § 3a Abs. 2 der RFV habe die Notwendigkeit einer Beschwerde anerkannt, als es den Ländern überlassen war, Verfahren, Beschwerde und Aufsicht zu regeln. Das Änderungsgesetz vom 08.06.1926 habe gegen Ablehnung und Festsetzung die Beschwerde zugelassen (vgl. dessen § 3 Abs. 3). Die zweite Notverordnung vom 05.06.1931 habe angeordnet, dass der Einspruchsbescheid schriftlich und mit Gründen zu erfolgen habe und dass gegen ihn das Beschwerderecht gegeben sei (vgl. § 3a Abs. 3 RFV). Damit sei ein vorläufiger Höhepunkt der Rechtsstellung des Hilfsbedürftigen gegenüber den Fürsorgeverpflich-

274 Gutachten Innenministerium, Seite 3, Akte des Bundesarchives, Bestandssignatur B139, Archivnummer 57, Blatt 35.

teten gegeben. Nach Ansicht des Bayerischen VGH[275] war hierin ein Bestreben des Gesetzgebers zu erkennen, die Rechtslage des Hilfsbedürftigen ständig zu verbessern.

Auch sei das Grundgesetz als Grundlage für die Anerkennung eines Klageanspruchs des Hilfsbedürftigen zu werten. Es existiere zwar keine ausdrückliche Bestimmung, jedoch sei eine (extensive) Auslegung folgender Grundgesetzartikel zu tätigen:

Artikel 19 Abs. 4 GG beziehe sich mit dem Wort „Recht" nicht nur auf subjektiv-öffentliche Rechte, sondern auch auf Rechtsreflexe. Es genüge, wenn in die Rechtssphäre eingegriffen und rechtlich geschützte Rechtsinteressen beeinträchtigt würden. Diese Bestimmung des Grundgesetzes erhebe das Reflexrecht des Hilfsbedürftigen zum klagbaren Anspruch. Als Argument hierfür wird der Grundsatz der wirksamen Rechtskontrolle angeführt; anderenfalls wäre ein wichtiger Zweig der öffentlichen Verwaltung der richterlichen Beurteilung entzogen.

Das Lebensrecht des Einzelnen aus Artikel 2 Abs. 2 S. 1 GG sei nicht nur negatives Abwehrrecht, sondern auch ein auf positives Tun des Staates gerichtetes, nämlich auf die Sicherung der Existenz. Es sei nicht nur rechtspolitisches Postulat, vielmehr eröffne seine Verletzung den Rechtsweg gem. Artikel 19 Abs. 4 GG.

Daraus, dass Art. 20 Abs. 1 GG die Bundesrepublik Deutschland als demokratischen und sozialen Bundesstaat kennzeichne, könne zwar kein subjektives Recht des Einzelnen hergeleitet werden, gleichwohl zeige sie, in welchem Geist andere Verfassungsbestimmungen auszulegen seien (anders als im liberalen Staat individualistischer Prägung).

Schließlich folge aus Artikel 28 Abs. 1 S. 1 GG, dass nur die Anerkennung eines Klagerechts der Idee des sozialen Staates gerecht werde.[276]

Zwar hätten die Länder das materielle Fürsorgerecht nicht geändert, gleichwohl könne durch einzelne Landesverfassungen ein subjektives öffentliches Recht gewährleistet sein:

Artikel 12 und Artikel 14 der Verfassung von Berlin stellten nach Ansicht des OVG Berlin in den Entscheidungen vom 29.06.1951 und 22.05.1953 die Anerkennung eines subjektiv-öffentlichen Rechtsanspruches auf Fürsorge dar.

Ebenfalls sehe der Bayerische VGH in Artikel 168 Abs. 3 der Bayerischen Verfassung ein Indiz für das Bestehen eines solchen Rechtes. Schließlich

275 Bayerischer VGH vom 08.03.1949, DÖV 1949, S. 375, s. o. C.III.1.b)(1).

276 Gutachten Innenministerium, S. 5 und 6, Akte des Bundesarchives, Bestandssignatur B139, Archivnummer 57, Blatt 36-37 (Paginierung nicht kohärent).

sprechen auch die Regelungen der Verwaltungsgerichtsgesetzgebung für die Anerkennung eines solchen Rechts des Hilfsbedürftigen. § 23 Abs. 1 MRVO Nr. 165 für die britische Zone erlaubt die Anfechtung eines Verwaltungsaktes, wenn der Kläger durch ihn in seinen Rechten beeinträchtigt ist. Nach Klinger[277] ist hiervon auch die Rechtsstellung erfasst, die das materielle Fürsorgerecht dem Hilfsbedürftigen verleihe. Das OVG Münster sah in § 23 Abs. 1 MRVO 165 die Begründung für einen klagbaren Rechtsanspruch. Auch nach § 23 der süddeutschen Verwaltungsgerichtsgesetze sei die Klage zulässig, wenn der Kläger behauptet, ihm stehe ein Recht zu. Der Kommentar von Eyermann-Fröhler lasse diesbezüglich in Anlehnung an Hüttenheim[278] „jedes rechtlich irgendwie durch gemeinschaftsbedingte Vorschriften geschützte Individualinteresse" gelten. Auch § 15 Abs. 1 des Verwaltungsgerichtsgesetzes für Rheinland-Pfalz lege durch seinen Wortlaut, „ob Anordnungen und Verfügungen der Verwaltungsbehörden zu Recht ergangen sind", die Anerkennung eines klagbaren Anspruches nahe.[279]

In einem weiteren Schritt ging das Gutachten auf Positionen ein, die gegen die Anerkennung eines Rechtsanspruches Hilfsbedürftiger gerichtet waren. So sei die Anerkennung eines solchen Rechts des Hilfsbedürftigen zunächst unter Berufung auf Wertungen der Weimarer Verfassung bestritten worden. Zutreffend wurde darauf hingewiesen, dass ihr ein solches Recht des Hilfsbedürftigen nicht bekannt gewesen sei. Trotz der liberalen und sozialen Gesinnung ihrer Schöpfer war ein solches Recht weder in der Verfassung noch in den zu dieser Zeit erlassenen Fürsorgebestimmungen verankert. Diese müssten jedoch nach wie vor als alleinige Rechtsgrundlage herangezogen werden, wie etwa Hermann Held ausführte. Hinsichtlich der Erwägungen bezüglich des Grundgesetzes lasse sich einwenden, dass die Oberverwaltungsgerichte die Sphäre des geltenden Rechtes und Grenzen der Rechtsprechung verlassen habe, um in den Bereich „verfassungs- und rechtspolitischer Postulate vorzustoßen und anstelle des Gesetzgebers Ansprüche zu begründen".[280]

Gegen die Heranziehung der Wertungen einzelner Länderverfassungen wandten Kritiker ein, dass Art. 168 Abs 3 der Bayerischen Verfassung

277 Die Verordnung über die Verwaltungsgerichtsbarkeit in der britischen Zone, 2. Auflage 1953, S. 147.

278 DRZ 48, 49.

279 Gutachten Innenministerium, S. 9, Akte des Bundesarchives, Bestandssignatur B139, Archivnummer 57, Blatt 39.

280 Held, DÖV 1951 S. 8 ff.

durch den bayerischen VGH nur als Indiz gewertet worden sei, er hierin jedoch keinen schlüssigen Beweis für das Bestehen eines Klagerechts gesehen habe. Nach Held[281] sei eine ausdehnende Interpretation dieser Verfassungsvorschrift nicht zulässig. Der VGH Bremen sei im Urteil vom 20.01.1948[282] zu dem Ergebnis gekommen, dass aus Art. 49 der Landesverfassung ein Rechtsanspruch auf Fürsorge nicht hergeleitet werden könne. Auch der Hessische BGH habe in seinem Urteil vom 16.03.1949[283] die Möglichkeit verneint, einen klagbaren Fürsorgeanspruch auf Art. 28 der Hessischen Verfassung zu stützen.

Hinsichtlich der Versuche, aus den Verwaltungsgerichtsgesetzen einen Anspruch des Hilfsbedürftigen herzuleiten, sei festzustellen, dass dort, wo ein Anspruch aus materiellem Recht nicht bestehe, ein solches Recht aus verfahrensrechtlichen Bestimmungen nicht hergeleitet werden könne.

Auch wies das Gutachten darauf hin, dass unter den Vertretern der Anerkennung eines Rechts auf Klage des Fürsorgeberechtigten keine Übereinstimmung bestehe, welchen Umfang das Klagerecht haben solle.

Einerseits werde die Anwendbarkeit der Anfechtungsklage vertreten, da die Entscheidung über die Einzelheiten der Fürsorgeleistungen weithin auf dem Gebiet des Verwaltungsermessens liege.[284] Zu diesem Ergebnis komme auch das OVG Berlin in seiner Entscheidung II B 188/52, mit der Begründung, dass entgegen dem Antrage des Klägers der Fürsorgebehörde durch das Gericht nicht aufgegeben werden könne, bestimmte Beträge an den Kläger zu zahlen.

Das OVG Münster[285] hingegen gehe von einem Anspruch des Klägers auf Gewährung der gesetzlich festgesetzten Unterstützung, also auf konkrete Leistungen, aus. Zu diesem Ergebnis kommt auch das OVG Hamburg[286].

Das Gutachten schloss mit einer Stellungnahme zugunsten der Anerkennung eines Rechts auf Klage. Zwar sei dem materiellen Fürsorgerecht ein vor den Verwaltungsgerichten verfolgbarer Rechtsanspruch des Hilfsbedürftigen nicht zu entnehmen, doch bestehe eine Tendenz der Gesetzgebung, die Rechtsstellung des Fürsorgeberechtigten zu stärken. Der Hilfsbedürftige habe bis zum Inkrafttreten des Grundgesetzes lediglich ein sog.

281 Held, DÖV 1951 S. 8 ff.
282 ND 1948, Nr. 7/8.
283 DÖV 1949, 377.
284 Bayerischer VGH, DÖV 1949, 375.
285 DVBl. 1951, S. 84.
286 Vom 18.04.1950 und 22.01.1951.

„Reflexrecht“ gehabt. Seine Rechtsstellung dürfte jedoch durch das Grundgesetz eine wesentliche Fortentwicklung erfahren haben: Art. 19 Abs. 4 GG stelle den Grundsatz lückenloser Rechtskontrolle auf. Voraussetzung für das Verwaltungsstreitverfahren in Fürsorgesachen sei, dass jemand durch die öffentliche Gewalt „in seinen Rechten“ verletzt sei. Ein solches „Recht“ könne dem materiellen Fürsorgerecht nicht entnommen werden; gleichwohl stelle Art. 19 Abs. 4 GG mehr als eine rein verfahrensrechtliche Vorschrift dar. Mit Bezug auf „namhafte Verfassungs- und Verwaltungsrechtler“[287] würde die Bestimmung dahingehend ausgelegt, dass ein Reflexrecht bereits als Recht i.S.d. Art. 19 Abs. 4 GG angesehen werden müsse. „Schon die Störung der Rechtssphäre, die Beeinträchtigung der schutzwürdigen Interessen des einzelnen reichen aus, um den Rechtsweg zu eröffnen.“[288] Da der Wortlaut des Art. 19 Abs. 4 GG ohne Einschränkung von „Rechten“ spreche, sei eine solche Auslegung möglich. Das Reflexrecht des Hilfsbedürftigen aus dem materiellen Fürsorgerecht dürfe als Recht i.S.d. Art. 19 Abs. 4 GG angesehen werden, dessen Verletzung ein Recht auf Klage gewähre.

Folgte man der Auffassung, die gegen die weite Auslegung des Art. 19 Abs. 4 GG argumentierte, so sei auf Art. 2 Abs. 2 S. 1 GG zu verweisen. Das Recht auf Leben könne sich angesichts der Auslegungsregeln der Art. 20 Abs. 1 und 28 Abs. 1 S. 1 GG und der nach dem Krieg noch bestehenden Notlage nicht auf ein negatives Abwehrrecht beschränken. Da Art. 2 Abs. 2 S. 1 GG zu den Grundrechten gehöre, könne man es nicht lediglich als rechtspolitisches Postulat bezeichnen; der Hilfsbedürftige dürfe nicht nur indirekt aus der Pflicht des Staates zur Bekämpfung von Armut eine Anwartschaft auf Fürsorge erlangen.

> „Die durch Art. 2 Abs. 2 S. 1 GG in Zusammenhang mit Art. 20 Abs. 1 und Art. 28 Abs. 1 S. 1 GG geschaffene Rechtsposition [dürfe] als „Recht“ i.S.d. Art. 19 Abs. 4 GG angesehen werden, dessen Verletzung den Rechtsweg im Verwaltungsstreitverfahren [eröffne].“[289]

---

287 Forsthoff, Lehrbuch des Verwaltungsrechts, S. 160, 161; Pabst, Die Bedeutung des Art. 19 Abs. 4 Bonner Grundgesetz, S. 284 ff.

288 Gutachten Innenministerium, S. 14, Akte des Bundesarchives, Bestandssignatur B139, Archivnummer 57, Blatt 44.

289 Gutachten Innenministerium, S. 15, Akte des Bundesarchives, Bestandssignatur B139, Archivnummer 57, Blatt 45.

Hierbei sei jedoch der Anspruch nur dem Grunde nach gegeben; welche Hilfe im Einzelfall zu gewähren sei, ergebe sich allein aus dem materiellen Fürsorgerecht.

Da das Grundgesetz in seinem Geltungsbereich dem Fürsorgesuchenden den Rechtsweg zu den Verwaltungsgerichten eröffne, sei die Prüfung, ob sich aus den verschiedenen Landesverfassungen ebenfalls ein solches Recht ergebe, nicht erforderlich.

Hinsichtlich der Zulässigkeit der Klage sei allerdings weiterhin fraglich, mit welcher Klageart und welchem Klagebegehren sich der Fürsorgesuchende an das Verwaltungsgericht zu wenden habe sowie hinsichtlich der Begründetheit, wann der Verwaltungsakt rechtswidrig sei und welchen Umfang das Prüfungsrecht des Verwaltungsgerichts habe.

Zur Zulässigkeit der Klage stellte das Gutachten fest, dass die Ablehnung eines Antrages auf Gewährung von Fürsorgeleistungen einen Verwaltungsakt darstelle, gegen den die Anfechtungsklage zulässig sei, und zwar gemäß § 23 MRVO Nr. 165, § 35 südd. VGG, §§ 19, 20 Berliner VGG. Ziel dieser Anfechtungsklage sei die Aufhebung des Verwaltungsaktes der Fürsorgebehörde, der die Gewährung der Fürsorgeleistungen versagt hat. Voraussetzung sei, dass das in den Ländern vorgesehene Verwaltungsverfahren, in dem der Verwaltungsakt in vollem Umfange nachgeprüft werde, ergebnislos verlaufen sei. Weiterhin genüge die Behauptung des Klägers, durch den Verwaltungsakt in seinen Rechten verletzt zu sein.

Die Klage sei begründet, wenn der „Verwaltungsakt fehlerhaft" sei, also „im geltenden Recht keine Stütze" finde.[290] Die Fürsorge habe die Aufgabe, den notwendigen Lebensunterhalt zu sichern, wobei die Eigenart der Notlage berücksichtigt werden müsse (so unter Berufung auf § 1 Reichsgrundsätze). Der Inhalt des notwendigen Lebensbedarfs ergebe sich aus § 6 der Reichsgrundsätze; was im Einzelfall an Hilfe zu gewähren sei, habe sich nach der Besonderheit des Falles zu richten (vgl. § 10 RGr). Dabei könne es sich um Geld, Sachleistungen oder persönliche Hilfe handeln. Aus diesen Bestimmungen folge, dass der Fürsorgesuchende keinen Anspruch auf eine bestimmte Leistung habe, sondern es sich bei den Entscheidungen der Fürsorgebehörden um Ermessensentscheidungen handle. „Die Notwendigkeit individueller Prüfung [werde] durch die Richtsätze nicht eingeschränkt."[291] Daher sei auch die Ansicht des OVG Münster un-

290 Gutachten Innenministerium, S. 18, Akte des Bundesarchives, Bestandssignatur B139, Archivnummer 57, Blatt 48.

291 Gutachten Innenministerium, S. 19, Akte des Bundesarchives, Bestandssignatur B139, Archivnummer 57, Blatt 49.

zutreffend, das dem Hilfsbedürftigen einen Anspruch auf richtsatzmäßige Unterstützung zuerkennen wolle.

Folglich könne die Anfechtungsklage nur darauf gestützt werden, dass von besagtem Ermessen nicht im Sinne des Gesetzes Gebrauch gemacht worden sei; insofern seien den Verwaltungsgerichten daher bei der Überprüfung von Ermessensentscheidungen der Verwaltungsbehörden Grenzen gesetzt.

Weiterhin wurde als begrüßenswert erachtet, wenn das Bundesverwaltungsgericht die Revisionsentscheidung zum Anlass nähme, in der Frage der gerichtlichen Ermessensüberprüfung „klare Begriffe zu schaffen", da immer wieder Urteile von Verwaltungsgerichten bekannt würden, in denen diese Entscheidungen der Fürsorgebehörden auch auf Zweckmäßigkeit überprüft haben.[292]

Dies sei auch schon von Frege, dem Präsidenten des Bundesverwaltungsgerichts in seiner Ansprache[293] anlässlich der Eröffnung des Bundesverwaltungsgerichts und dem Deutschen Verein für öffentliche und private Fürsorge[294] zum Ausdruck gebracht worden.

Die Beachtung der Grundsätze der Nachprüfbarkeit von Ermessensentscheidungen sei „im Interesse einer reibungslosen und ersprießlichen Tätigkeit der Fürsorgebehörden unerlässlich".[295] Ob die Behörde den ihr gesteckten gesetzlichen Rahmen eingehalten habe, sei eine Rechtsfrage, Zweckmäßigkeit, Angemessenheit und Billigkeit fielen jedoch in die Entscheidungskompetenz der Fürsorgebehörden, da es im Wesen der Ermessensentscheidung liege, dass mehrere Lösungen möglich seien. Lediglich Ermessensmissbrauch, -fehlgebrauch, -überschreitung und -nichtgebrauch könnten durch die Gerichte korrigiert werden. Rechtswidrig sei eine Ermessensentscheidung zudem, wenn ein „Verstoß gegen den Grundsatz der gleichmäßigen Behandlung gleichgelagerter Fälle oder ein willkürliches Abweichen von einer Verwaltungsübung festzustellen sei".[296]

---

292 Gutachten Innenministerium, S. 20, Akte des Bundesarchives, Bestandssignatur B139, Archivnummer 57, Blatt 50.

293 DVBl. 1953, S. 378 ff.

294 ND 1954, S. 162.

295 Gutachten Innenministerium, S. 21, Akte des Bundesarchives, Bestandssignatur B139, Archivnummer 57, Blatt 51.

296 Gutachten Innenministerium, S. 23, Akte des Bundesarchives, Bestandssignatur B139, Archivnummer 57, Blatt 53.

## VII. Urteil

Die mündliche Verhandlung erfolgte am 24.06.1954. Erkennende Richter waren der Senatspräsident Knoll sowie die Bundesrichter Kohlbrügge, Baring, Müller und Bettermann.

Die Revision des Klägers gegen das Urteil des OVG vom 26.11.1952 wurde zurückgewiesen.

Im dreiseitigen Tatbestand erfolgte nach der Feststellung, dass eine gemeinsame Haushaltsführung mit Frau Goldenstein vorliege, eine Aufstellung der geleisteten Fürsorgeunterstützung, aus der sich eine monatliche Zahlung in Höhe von 81,80 DM seit dem 01.10.1953 ergab, in deren Rahmen eine Pflegezulage geleistet, Mietbeihilfe jedoch nur in Höhe des hälftigen Mietzinses gewährt wurde. Der kurzen Zusammenfassung der Prozessgeschichte folgt die Widergabe der Revisionsanträge des Klägers, in denen er unter Aufhebung der vorangegangenen (ablehnenden) Verwaltungsakte die Zahlung der vollen Mietbeihilfe sowie die Anpassung der Unterstützungsleistungen an die seit der Vorkriegszeit eingetretenen Preissteigerung nach dem Lebenshaltungsindex, hilfsweise nach Ermessen des Gerichts, beantragt.

Die vorgebrachten Argumente des Klägers wurden zusammengefasst und gestrafft wiedergegeben:

Sein Rechtsanspruch auf Fürsorge aus Art. 2 GG und § 6 der Fürsorgepflichtverordnung vom 13.02.1924 und § 6 der Reichsgrundsätze werde nicht in vollem Umfang gewährt, da die Mietbeihilfe nicht in vollem Umfang gezahlt werde und die Teuerungszulage die Erhöhung der Lebenshaltungskosten nicht ausgleiche. Der Richtsatz hätte im gleichen Umfange wie der Lebenshaltungsindex erhöht werden müssen. Auch werde vom Kläger bemängelt, dass das angefochtene Urteil keine ausreichende Auseinandersetzung mit der besonderen Gebrechlichkeit und Pflegebedürftigkeit des Klägers aufweise.

Das wiedergegebene Vorbringen der Beklagten beschränkt sich auf die Anträge, die Revision kostenpflichtig zurückzuweisen, da die Klage für unzulässig gehalten werde.

Schließlich wurde auf die Rechtsansicht des Oberbundesanwalts, der sich ebenfalls am Verfahren beteiligt, jedoch keinen Antrag gestellt habe, hingewiesen, nach der die Verwaltungsgerichte berechtigt seien, auf Klage des Bedürftigen die Verwaltungsakte der Fürsorgebehörden auf ihre Rechtmäßigkeit zu überprüfen.

### 1. Zulässigkeit

In den Entscheidungsgründen setzt sich das Gericht in den ersten zwei Dritteln der Entscheidung allein mit der Frage der Zulässigkeit der Klage auseinander.

#### a) Klageart

Zunächst wird das Begehren des Klägers, die ablehnenden Verwaltungsakte aufzuheben und die Beklagte für verpflichtet zu erklären, ihm höhere Leistungen zu bewilligen, durch den Senat als Anfechtungs- (§ 23 MRVO Nr. 16) und gleichzeitige Vornahmeklage (§ 24 MRVO Nr. 16) qualifiziert. Nach § 23 könne die Anfechtung eines Verwaltungsaktes nur darauf gestützt werden, dass der Verwaltungsakt den Kläger in seinen Rechten beeinträchtige, weil er rechtswidrig sei. Eine Vornahmeklage dagegen könne nach § 24 der Verordnung nur darauf gestützt werden, dass der Kläger einen Anspruch auf die Vornahme habe.

#### b) Ansprüche

Der Senat verwarf die Rechtsansicht der Beklagten und der damals noch teilweise vertretenen Ansicht in Rechtsprechung und Schrifttum, die Klage sei unzulässig, da dem Kläger kein Rechtsanspruch auf Fürsorge zustehe und er folglich nicht in seinen Rechten verletzt sei. Er stellte klar, dass es „Rechtsansprüche auf dem Gebiete der öffentlichen Fürsorge“ gebe, wobei er zwischen Leistungen, zu denen der Träger der Fürsorge verpflichtet ist und solchen, deren Gewährung in sein Ermessen gestellt sind, unterschied.

Bezüglich letzterer ließ der Senat eine Entscheidung offen, da die vom Kläger eingeklagten Leistungen als solche qualifiziert wurden, zu denen die Behörde verpflichtet sei.

Es ergebe sich allerdings nicht aus den Vorschriften des Fürsorgerechts, wem gegenüber (dem Staat oder dem Bedürftigen) diese Verpflichtung bestehe, so dass sie diesbezüglich der Auslegung bedürften. Der Senat stellt fest, dass diese Auslegung vor 1945 noch zu einer einstimmigen Ablehnung eines solchen Rechtsanspruchs geführt habe. Sie beruhe allerdings „nicht [auf einer] ausdrücklichen Bestimmung [...], sondern [...] auf hergebrachten sozialethischen Vorstellungen“. Durch diese Feststellung ist das

Gericht in seiner Auslegung auf eine historisierende Betrachtung und die zeitliche Zäsur durch das Grundgesetz festgelegt.

c) Historie

Diesem Ansatz folgend beginnt das Gericht seine Argumentation mit der Darstellung des „alten preußischen Rechts“ (Gesetz über die Armenpflege vom 31.12.1842), das von dem Grundsatz ausgegangen war, die Armenpflege sei als polizeirechtliche Materie zu qualifizieren. Fürsorge war aus Gründen der öffentlichen Ordnung zu gewähren, nicht aber um des Bedürftigen selbst willen. Zur Verdeutlichung zitiert der erkennende Senat ebenfalls das in den Urteilen der OVG der Länder vielzitierte Urteil des Bundesamtes für Heimatwesen vom 22.06.1901.[297] Nach dieser Entscheidung war der Bedürftige „nicht Subjekt der behördlichen Verpflichtung, sondern nur Objekt des behördlichen Handelns, Gegenstand der Pflicht [...], welche der Armenbehörde dem Staate gegenüber“ oblag. Dieser oftmals zitierte Satz gibt zutreffend die frühere Rechtsansicht und das korrespondierende Verständnis der Stellung des Bedürftigen gegenüber dem Staat wieder.

d) Veränderungen seither

In seiner historischen Betrachtungsweise fuhr das Gericht mit einer Darstellung der seitdem eingetretenen Veränderungen fort, die gleichwohl bislang nicht zu einer Überprüfung des dargestellten Grundsatzes geführt hätten.

Ein Festhalten an der früher vertretenen Auffassung, ein Anspruch des Bedürftigen auf Fürsorge bestehe nicht, sei spätestens nach Inkrafttreten des Grundgesetzes nicht mehr haltbar, da sich die „wirtschaftlichen und sozialen Verhältnisse“ und die „sozialethischen Wertungen“ gewandelt haben. Gemeint ist, dass nunmehr, da große Teile der Bevölkerung (unverschuldet) durch die Kriegsfolgen fürsorgebedürftig geworden sind, die Hilfsbedürftigkeit keinen sozialen oder moralischen Makel mehr trage und die Behandlung der Bedürftigen nicht mehr mit der noch vor dem Krieg geübten Geringschätzung erfolgen könne.

---

297 Vgl. Entscheidungen des Bundesamtes, Heft 33 Nr. 18, S. 39, 41.

Hier wird auch die oben[298] dargestellte Bezugnahme auf die Entscheidung „Armenanwalt“ des Bundesverfassungsgerichts vom 17.06.1953, BVerfGE 2, 336, deutlich. In dieser führt das Bundesverfassungsgericht zur Frage nach der Bewilligung von Armenrecht aus, dass die Gerichte nach Inkrafttreten des Grundgesetzes zu prüfen haben, ob vorkonstitutionelle Entscheidungen des Gesetzgebers seit dem 23.05.1949 noch mit dem Grundgesetz vereinbar sind.

Vergleichbar argumentiert auch der VGH Stuttgart in seiner Entscheidung vom 15.01.1953.[299] Dieser zieht unter anderem eine Veränderung der sozialen Verhältnisse heran, welche auf die Auslegung älterer Gesetze entscheidenden Einfluss hätten und zu anderen Ergebnissen führen könnten. Aufgabe des Richters sei es, „unter Berücksichtigung der sozialen Wirklichkeit enge und rückständige positive Vorschriften fortzubilden“.

Auch die Trennung der Armenpflege von den polizeirechtlichen Aufgaben und die Verbesserung der Rechtsstellung des Armen im öffentlichen Recht, namentlich die Änderungen durch die Verordnung von 1924 mit ihren Änderungen vom 08.06.1926 und die Notverordnungen vom 05.06.1931 wurden für die Auslegung durch das Gericht herangezogen. Der Senat übernahm hier die Argumentation des Bayerischen VGH vom 08.03.1949, der bereits die Möglichkeit der Beschwerden gegen Ablehnung der Fürsorge sowie gegen Festsetzung ihrer Art und Höhe und die schriftliche Bescheiderteilung mit Angabe von Gründen für den Einspruchsbescheid und das Beschwerderecht gegen diesen als Besserstellung des Bedürftigen und Indiz für ein subjektiv-öffentliches Recht und damit für die Klagebefugnis des Bedürftigen gewertet hatte.

Eine Auslegung des Fürsorgerechts, die sich an den Leitgedanken des Grundgesetzes orientiere, führe zu einer Rechtspflicht der Fürsorgeträger gegenüber dem Bedürftigen, der daher einen entsprechenden Rechtsanspruch habe. Die am Grundgesetz orientierte Interpretation durch das Bundesverwaltungsgericht führte zu einer Verpflichtung der Träger der Fürsorge nicht mehr gegenüber dem Staat, sondern gegenüber dem nunmehr als Subjekt wahrgenommenen Fürsorgebedürftigen.

298 Vgl. oben D.III.5.
299 Vgl. oben D.III.6.

### e) Leitgedanken/Zusammenschau/Auslegung

Das Gericht stellte fest, dass es einer Prüfung, ob ein Recht auf Fürsorge durch neueres Landesrecht oder bestimmter Einzelvorschriften des Grundgesetzes gewährt werde, nicht bedarf, da bereits die „Leitgedanken des Grundgesetzes“ zu einer Auslegung des bereits bestehenden Fürsorgerechts dahingehend führen, „dass die Rechtspflicht zur Fürsorge deren Träger gegenüber dem Bedürftigen obliegt und dieser einen entsprechenden Rechtsanspruch hat“.

Das Bundesverwaltungsgericht zitierte zur Verdeutlichung der vorgenommenen Auslegung anhand der Leitgedanken des Grundgesetzes die Entscheidung „Haftentschädigung“ des Bundesverfassungsgerichts vom 01.07.1953, wonach „das Verfassungsrecht nicht nur aus den einzelnen Sätzen der geschriebenen Verfassung besteht, sondern auch aus gewissen, sie verbindenden, innerlich zusammenhaltenden allgemeinen Grundsätzen und Leitideen, die der Verfassungsgeber, weil sie das vorverfassungsmäßige Gesamtbild geprägt haben, von dem er ausgegangen ist, nicht in einem besonderen Rechtssatz konkretisiert hat.“[300]

### f) Menschenwürde/ Erstmaliges Auftauchen der sog. Objektformel

Als Ausprägung einer solchen Leitidee führte das Bundesverwaltungsgericht „die Auffassung über das Verhältnis des Menschen zum Staat“ an. Es betonte, dass „[d]er Einzelne nicht mehr Untertan, sondern Bürger“ sei, mithin „selbständige sittlich verantwortliche Persönlichkeit“ und „Träger von Rechten und Pflichten“.[301] Statt Untertan ist der Bürger aus dieser Perspektive also ein mit eigenen Rechten ausgestattetes Subjekt. Insbesondere, wenn es um seine Daseinsmöglichkeit gehe, dürfe der Bürger nicht Gegenstand staatlichen Handelns sein, sondern müsse als selbständige, sittlich verantwortliche Persönlichkeit und daher als Träger von Rechten und Pflichten anerkannt werden.

Hier wird die Abkehr von der vielzitierten und plakativen Entscheidung des Bundesamts für Heimatwesen deutlich; der Bedürftige würde nun nicht mehr als „Objekt des behördlichen Handelns“, als „Gegenstand der Pflicht“ betrachtet, sondern als mit Rechten gegenüber dem Staat ausge-

---

300 BVerfGE 2, S. 380, 403.
301 BVerwGE 1, S. 159, 161.

stattetes Subjekt des Verfahrens, um dessentwillen die Fürsorge gewährt wird – das Fürsorgerecht wurde subjektiviert.[302]

Sicherlich (auch) beeinflusst durch die Reaktionen Nipperdeys, Dürigs und Bachofs[303] auf das Urteil des Bundesverfassungsgerichts BVerfGE 1, 97 vom 19.12.51 ging das Bundesverwaltungsgericht hier einen Schritt weiter: wo das Bundesverfassungsgericht noch davon gesprochen hatte, dass der einzelne möglicherweise Ansprüche auf Fürsorgeleistungen gerichtlich einklagen könne, stattete das Bundesverwaltungsgericht den Bedürftigen mit dem Recht aus, solche Ansprüche auf dem Rechtsweg durchzusetzen.[304]

Dieser Begründungsansatz markiert im Grunde das erstmalige Auftauchen dessen, was später als Objektformel in der Rechtsprechung der obersten deutschen Gerichte bezeichnet wurde. Vermutlich handelt es sich tatsächlich um „die konstitutionelle Geburtsstunde der Objektformel, die bis heute das Verständnis der Menschenwürdenorm prägt".[305] Das Gericht jedenfalls sah den solchermaßen umschriebenen Grundsatz in Art. 1 und 20 in Verbindung mit Art. 79 Abs. 3, Art. 2 und Art. 19 Grundgesetz verwirklicht.

Bei der Objektformel geht es darum, „evidente Menschenrechtsverletzungen evidenter Art" zu identifizieren. Dies geschieht, indem sie „eine Verletzung des Art 1 I GG daran fest[macht], daß der konkrete Mensch zum Objekt, zu einem bloßen Mittel, zur vertretbaren Größe herabgewürdigt wird".[306] Die Anklänge an Kants „Selbstzweckformel" des *kategorischen Imperativs* sind unverkennbar: „Handle so, daß du die Menschheit sowohl in deiner Person, als in der Person eines jeden andern, jederzeit zugleich als Zweck, niemals bloß als Mittel brauchest." Denn „die vernünftige Natur existiert als Zweck an sich selbst."[307]

Als Mittel der Bestimmung des Begriffs „Menschenwürde" in Art. 1 GG geht der als Objektformel bekannt gewordene Ansatz auf Arbeiten von

---

302 Baldus, Menschenwürde, S. 65.

303 Zusammengestellt bei Baldus, Menschenwürde, S. 62f.

304 Baldus, Menschenwürde, S. 65.

305 Volker Neumann, Menschenwürde und Existenzminimum, Antrittsvorlesung vom 19. Mai 1994, S. 5 f.

306 H. Dreier, in: H. Dreier (Hrsg.), Grundgesetz-Kommetar, Bd. 1, 2. Aufl. 2004, Art. 1 I Rn. 53.

307 Immanuel Kant, Grundlegung zur Metaphysik der Sitten, BA 64 – BA 67, in: Immanuel Kant, Kritik der praktischen Vernunft. Grundlegung der Metaphysik der Sitten (= Immanuel Kant, Werkausgabe, Bd. VII; hg. v. Wilhelm Weischedel). 12. Aufl. Frankfurt am Main 1993, S. 60 f.

Günter Dürig[308] und Josef Wintrich zurück. Wintrich führte aus: „Da die Gemeinschaft sich aus freien eigenständigen Personen aufbaut, die durch ihr Zusammenwirken das Gemeinschaftsgut verwirklichen, muß aber der Mensch auch in der Gemeinschaft und ihrer Rechtsordnung immer ‚Zweck an sich selbst' (Kant) bleiben, darf er nie zum bloßen Mittel eines Kollektivs, zum bloßen Werkzeug oder zum rechtlosen Objekt eines Verfahrens herabgewürdigt werden."[309] Zum ersten Mal in der Rechtsprechung des Bundesverfassungsgerichts klang die Objektformel in der KPD-Entscheidung BVerfGE 27,1 Rn. 501 ff., an.[310]

Sie ist heute jedenfalls nicht unumstritten, weil sie von Kritikern als zu wenig bestimmt betrachtet wird, eine Kritik, die bereits Schopenhauer an Kants Formel angebracht hat.[311]

### g) Verhältnis von Rechtsstaat und Sozialstaat

Das Bundesverwaltungsgericht zog weiterhin den Grundsatz der Rechtstaatlichkeit aus Art. 20 i.V.m. Art. 28 GG heran, da es sich bei dem Handeln des Staates gegenüber dem Bürger in einem Rechtsstaat um ein solches im Rahmen des Rechts handle, sei es stets der gerichtlichen Nachprü-

---

308 Günter Dürig, Der Grundrechtssatz von der Menschenwürde, in: AÖR 81 (1956), S. 117 ff., insbes. S. 127.

309 Josef Wintrich, Über die Eigenart und Methode verfassungsgerichtlicher Rechtsprechung, in: Verfassung und Verwaltung in Theorie und Wirklichkeit. Festschrift für Wilhelm Laforet anläßlich seines 75. Geburtstages (= Veröffentlichungen des Instituts für Staatslehre und Politik e.V. in Mainz ; Bd. 3). München: Isar-Verlag 1952, S. 235 f.

310 BVerfGE 27,1 (KPD) Rn. 501 ff.: „In der freiheitlichen Demokratie ist die Würde des Menschen der oberste Wert. Sie ist unantastbar, vom Staate zu achten und zu schützen. Der Mensch ist danach eine mit der Fähigkeit zu eigenverantwortlicher Lebensgestaltung begabte ‚Persönlichkeit'. [...] Um seiner Würde willen muß ihm eine möglichst weitgehende Entfaltung seiner Persönlichkeit gesichert werden. Für den politisch-sozialen Bereich bedeutet das, daß es nicht genügt, wenn eine Obrigkeit sich bemüht, noch so gut für das Wohl von ‚Untertanen' zu sorgen; der Einzelne soll vielmehr in möglichst weitem Umfange verantwortlich auch an den Entscheidungen für die Gesamtheit mitwirken. [...] Da Menschenwürde und Freiheit jedem Menschen zukommen, die Menschen insoweit gleich sind, ist das Prinzip der Gleichbehandlung aller für die freiheitliche Demokratie ein selbstverständliches Postulat."

311 H. Dreier, in: H. Dreier (Hrsg.), Grundgesetz-Kommetar, Bd. 1, 2. Aufl. 2004, Art. 1 I Rn. 53 mit weiteren Nachweisen; zum Würdebegriff grundlegend Baldus, Menschenwürde.

fung unterworfen (Art. 19 Abs. 4 GG). Das Demokratieprinzip aus Art. 20 GG verlange, dass Bürger, die als Wähler die Staatsgewalt mitgestalten, auch hinsichtlich ihrer Existenz mit einem eigenen Recht gegenüber dieser Staatsgewalt ausgestattet seien.

Schließlich wurde der soziale Schwerpunkt der Art. 20 und 28 GG als „Gemeinschaftsgedanke, der in den Grundsätzen des sozialen Rechtsstaats und der Sozialgebundenheit des Eigentums Ausdruck gefunden" habe, herangezogen. Dieser erschöpfe sich nicht in materiellen Leistungen, sondern verlange, dass die Angehörigen der Gemeinschaft als Träger eigener Rechte anerkannt würden, die einander grundsätzlich mit gleichen Rechten gegenüberstünden. Es gehe nicht an, dass ein wesentlicher Teil dieser Gemeinschaft hinsichtlich seiner Existenz ohne Rechte ausgestattet sei. Auch das Grundrecht auf Leben und körperliche Unversehrtheit aus Art. 2 Abs. 2 GG sei Ausdruck jenes Grundgedankens.

Durch diese Zusammenschau der einzelnen Grundrechte mit dem Sozialstaatsprinzip stellte das Bundesverwaltungsgericht einen deutlichen Bezug zur Entscheidung des Bundesverfassungsgerichts „Hinterbliebenenrente" her.

Angesichts des oben dargestellten Zusammenhangs zwischen der Entscheidung des Bundesverfassungsgerichts „Hinterbliebenenrente" und den Entscheidungen der OVGe Münster, Hamburg und Lüneburg einerseits, sowie der Fürsorgeentscheidung des Bundesverwaltungsgerichts andererseits vermag die Einschätzung von Friauf, „die Entwicklung [sei] über das in diesem Beschluss angelegte Trennungsdenken bald hinausgegangen, ja sie hat die Konzeption des Beschlusses kaum zur Kenntnis genommen"[312], nicht restlos zu überzeugen. Der zeitliche und inhaltliche Zusammenhang der Entscheidungen lässt vielmehr den Schluss naheliegen, dass es sich bei der Entscheidung des Bundesverwaltungsgerichts um eine Reaktion auch auf die Entscheidung des Bundesverfassungsgerichts handelt. Dies ist insbesondere auch vor dem Hintergrund zu sehen, dass die Entscheidung des Bundesverfassungsgerichts ihrerseits als Reaktion auf und Absage an die Rechtsauffassung der Urteile der OVGe Münster, Hamburg und Lüneburg zu verstehen ist.[313]

Grundrechte und Sozialstaatsprinzip wurden in der Entscheidung des Bundesverwaltungsgerichts nicht als Gegensätze betrachtet, vielmehr wird die Gewährleistung der Menschenwürde, das Recht auf Leben und körper-

312 Karl Heinrich Friauf, Zur Rolle der Grundrechte im Interventions- und Leistungsstaat in: DVBl. 1971, S. 674, 676.

313 S. o. C.II.2.

liche Unversehrtheit, sowie das Rechts– und Sozialstaatsprinzip als einheitlicher Normierungskomplex verstanden.[314] Anhand der Zusammenschau der verschiedenen Bestimmungen des Grundgesetzes legte das Bundesverwaltungsgericht das Fürsorgerecht dahingehend aus, dass es dem Einzelnen einen Anspruch auf Fürsorgeleistungen einräume. Die Notwendigkeit der Zusammenschau der Grundrechte mit dem Rechts- und Sozialstaatsprinzip wurde bereits in der Entscheidung des Bundesverwaltungsgerichts selbst betont, dies kann zutreffend als „die Geburtsstunde der sozialstaatlichen Dimension der Grundrechte“ bezeichnet werden. [315]

Die Kritik von Friauf, „die Argumentation“ des Bundesverwaltungsgerichts zeichne „sich freilich eher durch sozialstaatlichen Impetus als durch dogmatische Klarheit aus“[316] mag – gemessen an heutigen Maßstäben – ihre Berechtigung haben, bei der Zusammenschau des Urteils mit den Gegebenheiten zum Zeitpunkt der Entscheidung hingegen ist in dem Urteil einer Fortentwicklung der Auslegung einzelner Grundrechte im Lichte des Sozial- und Rechtsstaatsprinzips zu sehen.

#### h) Ergebnis

Als Fazit hält das Gericht fest, dass der nach altem preußischen Recht geltende „Grundsatz [...], daß die damals als Armenpflege bezeichnete Fürsorge dem Bedürftigen lediglich aus Gründen der öffentlichen Ordnung, nicht aber um seiner selbst willen zu gewähren sei“ dem geltenden Verfassungsrecht widerspreche. Demgegenüber führten „[d]ie Leitgedanken des Grundgesetzes dazu, das Fürsorgerecht dahin auszulegen, daß die Rechtspflicht zur Fürsorge deren Träger gegenüber dem Bedürftigen obliegt und dieser einen entsprechenden Rechtsanspruch hat.“[317]

Daher habe der Bedürftige, soweit das Gesetz dem Träger der Fürsorge entsprechende Pflichten auferlege, Rechte, die er gegen Verletzung im Verwaltungsklageweg schützen könne. Eine Prüfung des Rechtsschutzes für den Fall, dass der Bedürftige lediglich in seinen rechtlich anerkannten

---

314 Friauf, Zur Rolle der Grundrechte im Interventions- und Leistungsstaat, S. 674, 676.

315 Friauf, Zur Rolle der Grundrechte im Interventions- und Leistungsstaat, S. 674, 676.

316 Friauf, Zur Rolle der Grundrechte im Interventions- und Leistungsstaat, S. 676.

317 BVerwGE 1, 159, S. 160 f.

und geschützten Belangen als qualitatives Minus zum subjektiv-öffentlichen Recht verletzt wäre, brauche daher nicht stattzufinden.

Der Senat sprach sich daher für die Zulässigkeit der Klage aus, der Kläger könne eine verwaltungsgerichtliche Entscheidung über die von ihm erhobenen Fürsorgeansprüche verlangen.

### 2. Begründetheit

Auf nur zwei Seiten, d.h. knapp einem Drittel der Entscheidung, setzte sich der erkennende Senat in weiterer Folge mit der Begründetheit der Revision auseinander. Er sah als erwiesen an, dass Frau Goldenstein mit dem Kläger einen gemeinsamen Haushalt führe und nicht seine Haushälterin sei. Einen entsprechenden Anspruch auf Entlohnung habe sie daher nicht. Demnach handle es sich entweder um eine Wohnungsgemeinschaft oder ein Untermietverhältnis, deshalb bestünden zwischen dem Kläger und Frau Goldenstein Rechtsbeziehungen, nach denen sie verpflichtet sei, die Hälfte des Mietzinses zu tragen. Entweder habe Frau Goldenstein in der Wohnungsgemeinschaft gemäß § 748 BGB die Hälfte der Lasten zu tragen, oder sie sei nach § 535 Abs. 2 BGB in dem Untermietverhältnis verpflichtet, an den Kläger den vereinbarten, bzw. den angemessenen Mietzins zu zahlen.

Die Frage nach der Familiennotgemeinschaft wurde mit dieser Argumentation ausgeklammert, eine entsprechende Stellungnahme solchermaßen vermieden.

Das Gericht zog § 8 der Reichsgrundsätze heran, demzufolge der Kläger verpflichtet sei, verwertbares Vermögen einzusetzen, bevor ihm Fürsorge gewährt werden könne. Da seine Wohnung größer sei, als er für sich selbst beanspruchen könne, habe er von Frau Goldenstein eine entsprechende Beteiligung am Mietzins zu verlangen. Nach den Feststellungen des Berufungsgerichts beinhalte die Arbeitslosenfürsorgeunterstützung von Frau Goldenstein einen Mietzinsanteil von 25%, der zur Zahlung des halben Mietzinses ausreiche. Der Kläger könne daher nicht einwenden, dass Frau Goldenstein nicht in der Lage sei, sich an der Aufbringung des Mietzinses zu beteiligen.

Schließlich sei die Revision des Klägers auch dann unbegründet, wenn man sein Vorbringen als zutreffend unterstelle, Frau Goldenstein sei seine Haushälterin und könne eine entsprechende Vergütung fordern. In diesem Fall sei die Überlassung des Wohnraumes als Entlohnung anzusehen, so dass der Kläger seine Pflegebeihilfe für die Zahlung des Mietzinses verwenden könne.

Das Revisionsgericht ging auch hinsichtlich des Anspruchs des Klägers auf Erhöhung der allgemeinen Fürsorgeleistungen in Relation zum Lebenshaltungsindex davon aus, dass nach den tatsächlichen Feststellungen des Berufungsgerichts der besonderen Lage des Klägers durch Sonderleistungen Rechnung getragen würde.[318]

### 3. Fazit

Die Entscheidung des Bundesverwaltungsgerichts wurde durch verschiedene, im Vorstehenden aufgezeigte Faktoren geprägt. Das Urteil führte dazu, die divergierende Rechtsprechung der Länder anzugleichen und eine auf Bundesrecht gestützte einheitliche Auslegung des Fürsorgerechts zu gewährleisten. Auch konnte dem in dem Gutachten des Oberbundesanwalts geäußerten Wunsch des Innenministers, eine Klärung der Rechtslage herbeizuführen, entsprochen werden. Schließlich bot sich die Entscheidung dieses Sachverhalts an, da er in tatsächlicher Hinsicht vergleichsweise eindeutig und übersichtlich war und eine Fokussierung auf die wesentliche Rechtsfrage erlaubte. Zudem bot der Sachverhalt die Möglichkeit, den Anspruch im Rahmen der Begründetheit abzulehnen, da Ermessensfehler nicht vorlagen. Den ablehnenden Stimmen in Rechtsprechung und Politik konnte zumindest dahingehend Rechnung getragen werden, dass eine konkrete Verpflichtung zur Gewährung bestimmter Leistungen im Urteil nicht ausgesprochen werden musste, was wiederum der Akzeptanz der Entscheidung förderlich war und den oftmals geäußerten Befürchtungen der überbordenden und den Staat überfordernden Geltendmachung von (vermeintlichen) Leistungsansprüchen der Hilfsbedürftigen Rechnung trug. Die Abweisung der Klage als unbegründet verminderte zum einen die Öffentlichkeitswirksamkeit der Gewährung eines subjektiv-rechtlichen Anspruchs, zum anderen wurde der Fokus des Lesers klar auf die eigentliche Rechtsentwicklung gelenkt.

---

318 VerwGE 1, 159, 160 ff.

# E. unmittelbare Reaktionen auf die Entscheidung

## I. Literatur

Im Nachrichtendienst des Deutschen Vereins für öffentliche und private Fürsorge[319] äußerte sich der Präsident des Fünften Senats a.D. Knoll zu dem unter seinem Vorsitz ergangenen rechtlich und sozialethisch bedeutsamen Urteil des Bundesverwaltungsgerichts vom 24.06.1954. Die Entscheidung schaffe Klarheit zwischen unterschiedlichen Rechtsauffassungen und gebe der Verwaltung eine einheitliche Linie vor, da nach wie vor in mindestens zwei Ländern – gemeint waren Hessen und Bremen – eine abweichende Rechtsprechung bestand. Der Verfasser stellte heraus, dass es einen Vorteil bedeute, dass die Entscheidung auf das in ganz Deutschland geltende Grundgesetz und nicht einzelne Landesvorschriften bzw. das nicht einheitliche Verfahrensrecht gestützt sei. Auch die Begründung des Urteils, die sich nicht auf einzelne Vorschriften stütze, sondern eine grundlegende Leitidee der Verfassung aufgreife, sei der zu entscheidenden Frage angemessen. Das im Grundgesetz verankerte Menschenbild und damit einhergehend die Stellung des Menschen gegenüber dem Staat sei weder ein Wunschbild noch ein „Übergriff des Richters in das dem Gesetzgeber vorbehaltene Gebiet", sondern stelle einen zwar ungeschriebenen, aber dennoch geltenden Rechtsgrundsatz dar.

Auf sozialethischer Ebene betonte der Verfasser die Bedeutung der Entscheidung, mit der „endgültig die letzten Reste einer Einstellung beseitigt werden, welche in dem Menschen – und heute handelt es sich zum großen Teil um wertvolle [sic!] Teile des Volkes – nur deshalb einen Volkszugehörigen minderen Wertes und Rechtes sieht, weil er nicht im Stande ist, für seinen Lebensunterhalt selbst voll aufzukommen." Es dürfte in der Tat eine entscheidende Rolle gespielt haben, dass nach dem Krieg große Teile der Bevölkerung zum Bestreiten ihres Lebensunterhalts auf Fürsorgeleistungen angewiesen waren, der Vorwurf selbst verantworteter Armut also nicht mehr erhoben werden konnte und eine Stigmatisierung damit weitgehend entfiel.

Gleichwohl blieb die Wortwahl Knolls hinter dem inhaltlichen Bekenntnis zurück: Es scheint, als würde weiterhin zwischen wertvollen und

319 Knoll, NDV 1954, S. 357 ff.

minder wertvollen Teilen des Volkes differenziert, allerdings nicht mehr anhand des Kriteriums der Hilfsbedürftigkeit. Gleichwohl wird an dieser Stelle sehr deutlich, welche Wertungen zum Zeitpunkt des Urteils BVerwG 1, 159 auch unter hochrangigen Vertretern der Richterschaft noch en vogue waren und wie langsam sich Wandlungen im Rechtsdenken gerade im Sozialbereich vollzogen haben.

Neben der Betonung der rechtlichen und ethischen Bedeutung nahm Knoll die praktische Bedeutung der Entscheidung seines Senates jedoch zurück, da sich sowohl an den allgemeinen Grundsätzen der öffentlichen Fürsorge als auch an Voraussetzungen, Art und Maß der Pflichten der Fürsorgebehörden nichts geändert habe. Die Betonung, dass sich für die Praxis wenig ändere, korrespondiert mit der Entscheidung des Senates, speziell diesen Fall zu entscheiden, da die Revision als nicht begründet eingestuft wurde und weitergehende Fürsorgeleistungen folglich nicht zuzusprechen waren. Die grundsätzliche Bedeutung dieses Urteils lief damit nicht Gefahr, durch Debatten über zugesprochene Leistungen, Höhe von Richtsätzen oder allgemeine Befürchtungen zur Belastung öffentlicher Mittel verwässert zu werden. Es sei lediglich festgestellt worden, „dass der Bedürftige ein Recht auf die Erfüllung dieser Pflichten, auf die Gewährung dieser Leistungen hat, zu denen der Fürsorgeträger schon ohnehin verpflichtet war, und dass er dies im Verwaltungsrechtsweg durchsetzen kann“.[320]

In weiterer Folge setzte sich der Verfasser mit den Argumenten der Gegner eines Rechtsanspruches auf Fürsorge auseinander. Er stellte fest, dass die „nach 1945 aus der Praxis stark betonten Befürchtungen, die Anerkennung eines Rechtsanspruchs werde zu untragbaren Mehrbelastungen führen, in letzter Zeit wohl verstummt [sind]. Es war auch ein seltsames Argument: hieß es doch eigentlich, dass die Fürsorgebehörden bisher in ganz großem Umfange die rechtlich Ihnen schon vorher obliegenden Leistungen nicht gewährt hätten“.[321] Dass dies nicht zutreffen könne, zeige die erstaunlich geringe Anzahl der bislang aufgetretenen Streitfälle, von denen die Mehrzahl ohne Erfolg für die Kläger geblieben sei.

Verständnis äußerte der Verfasser jedoch für einen anderen Einwand aus der Praxis, nämlich die Befürchtung, die Verwaltungsgerichte werden sich nicht auf eine reine Rechtskontrolle beschränken, sondern „auch in Feststellungen und Beurteilungen eingreifen, [...] die nur der Praktiker aufgrund seiner reichen Erfahrung vieler ähnlicher Fälle einerseits und der Kenntnis der gerade für die Fürsorge so wichtigen Besonderheiten des Ein-

320 Knoll, NDV 1954, S. 358.
321 Knoll, NDV 1954, S. 358.

zelfalles andererseits allein richtig beurteilen könne".[322] Diese Befürchtung beruhe darauf, dass es sich bei der öffentlichen Fürsorge um ein rechtliches und tatsächliches Spezialgebiet handle, für das es „bisher an der notwendigen gerichtlichen Erfahrung und der klaren Herausbildung der maßgebenden Begriffe noch gefehlt hat".[323] Diesen Mangel an Erfahrung begründete Knoll zum einen damit, dass es sich um eine Leistungsklage und nicht wie im Regelfall um eine Anfechtungsklage handle, zum anderen damit, dass die Höhe der Leistungen von Art und Ausmaß der Hilfsbedürftigkeit des Klägers, mithin vom Einzelfall abhingen. Insofern handle es sich weitgehend um eine Ermessensentscheidung. Die Gefahr, dass ein Richter bei der Auseinandersetzung mit den Einzelheiten des Falles im Rahmen der rechtlichen Nachprüfung die „besonders schwer zu ziehende Grenze der richterlichen Nachprüfung überschreitet", sei nicht ganz von der Hand zu weisen. Allerdings sei der Versuch der Fürsorgebehörden, sich dadurch zu schützen, dass die Fürsorgetätigkeit zu einer Frage des Ermessens erklärt werde, „nach der Klärung welche die Frage des Ermessens und des so genannten unbestimmten Rechtsbegriffes inzwischen erfahren hat, in keiner Weise mehr haltbar."[324] Eine Ermessensentscheidung könne durch die Behörde nur dann getroffen werden, „wenn mehrere Entscheidungen möglich und gesetzlich zulässig sind und das Gesetz der Behörde die Wahl zwischen ihnen lässt". Daraus folge, dass die Feststellung von Tatsachen nie Sache des Ermessens sein könne, ebenso wenig die Schlüsse, die aus diesen Tatsachen zu ziehen seien und auch die Tatsache, dass eine Leistung nur bestimmbar sei, führe nicht dazu, die Gewährung der Leistung zu einer Ermessensentscheidung werden zu lassen. Die Feststellung des Leistungsumfanges im Einzelfall sei gerade eine Rechtspflicht, wie auch der Vergleich Familienunterhalt im bürgerlichen Recht zeige; hier ergäben sich im Einzelfall verschiedenartige Leistungen, ohne dass die Nachprüfbarkeit und Bestimmbarkeit dieser Rechtspflicht je in Zweifel gezogen worden wäre. Auch sei das Bundesamt für Heimatwesen in seinen Entscheidungen zu Streitigkeiten zwischen mehreren Fürsorgeträgern davon ausgegangen, dass es sich um rechtlich genau bestimmbare Pflichten handle.

Abschließend nahm der Verfasser Stellung zum Verhältnis von Verwaltung und Gerichtsbarkeit, das er nicht als politische Machtfrage ansehen wollte. Er konstatierte, dass die „Verwaltungsgerichtsbarkeit sich immer

322 Knoll, NDV 1954, S. 358.
323 Knoll, NDV 1954, S. 358.
324 Knoll, NDV 1954, S. 358.

mehr in ihre richtige Aufgabe hineinfindet, Hüter des Rechts, aber nicht Aufsichtsbehörde für die Verwaltung zu sein“, wenngleich es zu Beginn der neuen Verwaltungsgerichtsbarkeit an erfahrenen Richtern gefehlt habe und es auch „in manchen Verwaltungen recht wenig sachgemäß herging“.[325]

Insgesamt ist der Artikel davon gekennzeichnet, die abstrakte Bedeutung der Entscheidung darzulegen und zu verteidigen, während die praktischen Auswirkungen als gering dargestellt werden. Dies mag vielleicht sogar kennzeichnend für – aus heutiger Sicht – bedeutsame Entscheidungen der obersten Gerichte erscheinen: die abstrakte Rechtsfrage wird entschieden, allerdings anhand eines Falles, der in seinen tatsächlichen Auswirkungen nach Möglichkeit keine weitreichenden Folgen nach sich zieht.[326] Dies erhöht die Akzeptanz der Entscheidungen, da sie in der Öffentlichkeit eine deutlich geringere Aufmerksamkeit erfahren, als ihnen – gemessen an ihrer Bedeutung für die Rechtsentwicklung – tatsächlich zustünde. Gleichwohl ist, unabhängig von den Ausführungen Knolls, gerade im Blick auf BVerwGE 1, 159 zu betonen, dass hier weitreichende Perspektiven ermöglicht wurden, auch wenn dies dem Kläger im gegenständlichen Fall nicht zu Gute gekommen ist. „Die Tür zur verwaltungsgerichtlichen Kontrolle der Leistungsverwaltung war für die Zukunft geöffnet.“[327]

In einem unter dem Titel „Öffentliche Fürsorge und Verwaltungsgerichtsbarkeit“ erschienenen Aufsatz fasste Gottschick[328] die Entwicklung der Anerkennung eines Anspruches auf Fürsorgeleistungen überblicksartig zusammen und wandte sich dann der „ausschlaggebende[n] Frage“ zu, „ob dem Hilfsbedürftigen ein Recht auf die Gewährung von Fürsorge zuzubilligen sei“. Der Verfasser thematisierte in diesem Zusammenhang die abweisenden Urteile des VGH Bremen vom 20.01.1948 und des hessischen VGH vom 16.03.1949 und 23.06.1950. Nach der Entscheidung des bayerischen VGH vom 08.03.1949, das „in Kreisen der Fürsorgefachwelt keineswegs mit eindeutiger Zustimmung aufgenommen“ worden sei, folgten Entscheidungen des OVG Münster, des Hamburgischen OVG, des OVG Lüneburg, des OVG Berlin sowie des VGH Württemberg-Baden und des LVG Rheinland-Pfalz.[329] Zwar seien die Begründungen der Urteile unter-

325 Knoll, NDV 1954, S. 359.

326 vgl. nur die Elfes-Entscheidung des BVerfG oder das Lüth-Urteil.

327 Wesel, Geschichte des Rechts, S. 566.

328 Hermann Gottschick, Öffentliche Fürsorge und Verwaltungsgerichtsbarkeit, in: DÖV 1963, S. 435 ff.

329 13.04.1950, 22.01.1951, 14.03.1951, 29.06.1951, 15.01.1953, 26.11.1953.

schiedlich, der Rechtsanspruch werde auf Landesrecht, Verfassungsgesetze der Länder, Bundesrecht, insbesondere das Grundgesetz gestützt. Jedoch sei in keinem Fall der Anspruch unmittelbar aus dem materiellen Fürsorgerecht begründet worden. Die Urteilsbegründungen verwiesen in ihrer Mehrheit darauf, dass es zu den geänderten gesellschaftlichen Verhältnissen und Anschauungen nach 1945 im Widerspruch stünde, wenn dem hilfesuchenden Bedürftigen die Anerkennung als Rechtssubjekt weiterhin verweigert würde".[330] Der zu erwartenden Grundsatzentscheidung des Bundesverwaltungsgerichts sei daher mit besonderem Interesse entgegengesehen worden. Das Urteil vom 24.06.1954 habe einen langjährigen Entwicklungsprozess in der Rechtsprechung abgeschlossen und sich rasch und weitestgehend durchgesetzt.

Der Autor setzte sich anschließend mit den Befürchtungen der Fürsorgepraxis auseinander, die Ermessensentscheidungen der Fürsorgebehörden im Rahmen des Individualisierungsgrundsatzes würden einer zu engmaschigen und Zweckmäßigkeitserwägungen anstellenden Rechtsprechung unterliegen. Diese Besorgnis habe sich jedoch als nicht begründet erwiesen. Die Verwaltungsgerichte hätten diese Schwierigkeit erkannt und ihr besondere Aufmerksamkeit bei der Entwicklung der Rechtsprechung zum Fürsorgerecht zugewendet. Zwar sei die Frage des Vorliegens von Hilfsbedürftigkeit eine uneingeschränkt überprüfbare Tatsachen- und Rechtsfrage; ebenso eindeutig sei jedoch entschieden worden, dass die Festsetzung von Art und Umfang der Fürsorgeleistungen im Interesse der Fürsorgeverbände stünde.

Schließlich stellte der Verfasser die Problematik der Gewährung von Leistungen für die Vergangenheit dar, die durch die Rechtsprechung übereinstimmend dahin entschieden worden sei, dass eine rechtswidrig versagte Fürsorgeleistung für den Zeitraum zwischen Antragstellung und gerichtlicher Entscheidung auch nachträglich zu gewähren sei. Der Bedürftige brauche sich Leistungen Dritter für diesen Zeitraum nur dann entgegenhalten zu lassen, wenn dieser Dritte aufgrund einer rechtlichen Verpflichtung geleistet hätte. Die auf moralischer oder sittlicher Grundlage beruhende Verpflichtung Dritter zur Hilfe sei hingegen kein Grund, Fürsorgeleistungen nicht zu gewähren.

330 Gottschick DÖV 1963, S. 437.

## II. Bundesverfassungsgericht

Eine direkte Reaktion im Sinne einer Auseinandersetzung um Deutungshoheit oder Letztentscheidung des Bundesverfassungsgerichts auf das Urteil des Bundesverwaltungsgerichts erfolgte nicht. Es scheint, als sei die Entscheidung auch durch das Bundesverfassungsgericht als Abschluss einer Rechtsentwicklung wahrgenommen worden, auf die eine Einflussnahme nicht mehr erforderlich schien.

In der Entscheidung BVerfGE 4, 331, zum Soforthilfegesetz (SHG) vom 09.11.1955 äußerte sich das Bundesverfassungsgericht im Zusammenhang mit Regelungen des Soforthilfegesetzes zu der Rechtsweggarantie des Art. 19 IV GG, die auch für die Entscheidung des BVerwG eine Rolle gespielt hatte. Durch § 69 Abs. 3 SHG war die Geltendmachung von Ansprüchen nach dem Zweiten Teil des Soforthilfegesetzes vor den ordentlichen Gerichten ausgeschlossen; dieser lautete: „Der Beschwerdeausschuss und der Spruchsenat entscheiden als Verwaltungsgerichte; ihre Mitglieder sind daher als solche unabhängig und nur dem Gesetz unterworfen." Nach der Entscheidung des Bundesverfassungsgerichts war § 69 Abs. 2 SHG unvereinbar mit dem Grundgesetz, da es sich „bei den Entscheidungen der Beschwerdeausschüsse um Entscheidungen darüber" handle, „ob die Bewilligungsbehörde, also ein Organ der vollziehenden Gewalt, den Antragsteller im konkreten Fall durch Versagung einer beantragten Leistung in seinen sich aus dem Soforthilfegesetz ergebenden Rechten verletzt hat. Für eine solche Entscheidung muss dem Betroffenen nach Art. 19 Abs. 4 GG der ‚Rechtsweg' offenstehen. ‚Rechtsweg' aber bedeutet den Weg zu einem Gericht (Art. 92 GG)."

> „Der Weg zu den ordentlichen Gerichten ist durch § 69 Abs. 3 SHG ausdrücklich versperrt; der Weg zu den allgemeinen Verwaltungsgerichten ist nach den einschlägigen Verfahrensgesetzen für die Verwaltungsgerichte nur gegeben, wenn nicht ein besonderes Verwaltungsgericht zur Entscheidung berufen ist. Behandelt § 69 Abs. 2 SHG die Beschwerdeausschüsse zu Unrecht als besondere Verwaltungsgerichte, so wird hiernach der Rechtsweg schlechthin ausgeschlossen, d. h. Art. 19 Abs. 4 GG verletzt; dann wäre § 69 Abs. 2 SHG nichtig, und die allgemeinen Verwaltungsgerichte wären zuständig. Dass die vorlegenden Gerichte nicht ausdrücklich Art. 19 Abs. 4 GG als verletzt bezeichnet haben, ist ohne Belang (vgl. BVerfGE 1, 14 [41]). Die entscheidende Frage ist also, ob das Verfahren vor den Beschwerdeausschüssen dem Begriff des Rechtsweges im Sinne des Art. 19 Abs. 4 GG genügt."

Erst mit der Entscheidung BVerfGE 40, 121 (Waisenrente 2) vom 18.06.1975 äußerte sich das Bundesverfassungsgericht zu der Fürsorge- und Leistungspflicht des Staates gegenüber Hilfsbedürftigen.[331] Es war die Frage zu entscheiden, ob die zeitliche Beschränkung der Gewährung von Waisenrente an Kinder, die infolge körperlicher oder geistiger Gebrechen außerstande seien, sich selbst zu unterhalten, mit dem Grundgesetz vereinbar sei. Die die Fürsorgepflicht statuierende Passage der Entscheidung lautet: „Gewiss gehört die Fürsorge für Hilfsbedürftige zu den selbstverständlichen Pflichten eines Sozialstaates. [...] Dies schließt notwendig die soziale Hilfe für die Mitbürger ein, die wegen körperlicher oder geistiger Gebrechen an ihrer persönlichen und sozialen Entfaltung gehindert und außerstande sind, sich selbst zu unterhalten. Die staatliche Gemeinschaft muss ihnen jedenfalls die Mindestvoraussetzungen für ein menschenwürdiges Dasein sichern und sich darüber hinaus bemühen, sie soweit möglich in die Gesellschaft einzugliedern, ihre angemessene Betreuung in der Familie oder durch Dritte zu fördern sowie die notwendigen Pflegeeinrichtungen zu schaffen."

Die Grundrechte des Einzelnen wurden nunmehr im Kontext des Sozialstaatsprinzips verstanden. Der Einzelne galt bei der Verwirklichung seiner Grundrechte nun nicht mehr auf Abwehr von Eingriffen seitens des Staates beschränkt, sondern konnte, als Mitglied einer sozialen Gemeinschaft, Fürsorge- und Leistungsrechte aus dem Grundgesetz – zumindest dem Grunde nach – herleiten.

Die Begründung einer solchen Sicherungspflicht des Staates findet sich seit der Entscheidung 45, 187, (Lebenslange Freiheitsstrafe) vom 21.06.1977 mit der bis heute in der Rechtsprechung des Bundesverfassungsgerichts durchgehaltenen Formulierung, „aus Art. 1 I GG in Verbindung mit dem Sozialstaatsprinzip ist die Verpflichtung des Staates herzuleiten, jenes Existenzminimum zu gewähren, das ein menschenwürdiges Dasein überhaupt erst ausmacht"[332].

Die Entscheidung BVerfG 45, 187 verwendet im Übrigen erstmals tatsächlich den Begriff des *Existenzminimums*, dessen Adaption durch die Rechtsprechung oft fälschlicherweise der Fürsorgeentscheidung des Bundesverwaltungsgerichts zugerechnet wird.

331 so auch Volker Neumann, Antrittsvorlesung vom 19.05.1994 an der HU Berlin, http://edoc.hu-berlin.de/humboldt-vl/neumann-volker/PDF/Neumann.pdf (abgerufen 25.08.2014).

332 BVerfGE 45, 187, 228.

## III. Bundessozialgericht

Die Entscheidung, die im selben Jahr ergeht, in dem das Bundessozialgericht seine Arbeit aufnimmt, scheint dort keine Resonanz hervorgerufen zu haben, ein Urteil des Bundessozialgerichts, das als Reaktion auf die Entscheidung des Bundesverwaltungsgerichts zu verstehen ist, ist nicht auszumachen. Vielmehr scheint die Entscheidung auch vom Bundessozialgericht als Abschluss einer Entwicklung wahrgenommen worden zu sein, auf die keine explizite Reaktion mehr erforderlich schien.

## F. Rezeption und Nachhall bis heute

Die Entscheidung BVerwG 1, 159 begegnet dem unbefangenen Leser heute vor allem in Kommentaren zu Art. 2 Abs. 2 GG, wenn es darum geht, dass das dort verbriefte „Recht auf Leben“ nicht nur Schutz vor staatlichen Eingriffen impliziere, sondern auch Ansprüche auf aktives staatliches Handeln mit sich bringen könne.

So führt etwa Starck die genannte Entscheidung als Beleg für die Verpflichtung des Staates an, „finanzielle oder Unterstützung in Naturalien“ zu leisten, „wenn anders das nackte Leben bedroht wäre“.[333] Auch Schulze-Fielitz weist auf die Entscheidung BVerwG 1, 159 im Zusammenhang „objektiv-rechtliche[r] Handlungsgebote an den Staat und seine Organe“ hin, die – „über Abwehrrechte hinaus“ – aus Art. 2 Abs. 2 GG abzuleiten seien.[334] Allerdings könne „[a]us Art. 2 II 1 GG nur als seltene Ausnahme ein originärer Anspruch auf staatliche Leistungen folgen [...]; dazu gehört (i.V.m. Art. 1 I GG) der Anspruch auf *Sicherung des Existenzminimums*, wenn die Vorenthaltung lebensnotwendiger Mittel zum Tode führen würde“. In der Fußnote zum zuletzt genannten Punkt bezieht sich Schulze-Fielitz explizit auf BVerwGE 1, 159.[335] In dem von Münch/Kunig herausgegebenen GG-Kommentar führte Kunig aus, dass „sich das Recht auf Leben [z]um unmittelbaren *Leistungsrecht*, zur anspruchsbegründenden Norm verdichtet [...], wenn die Vorenthaltung lebensnotwendiger Güter zum Tode führen würde“. Er berief sich dabei allerdings nicht auf BVerwGE 1, 159, sondern verwies auf „andere Aussagen des GG“, die im Vergleich zu dessen Art. 2 „eine größere Bedeutung für die Frage der fürsorgerischen Versorgung des Menschen durch den Staat, insbes. das Sozialstaatsprinzip“ hätten, also auf den „Gesichtspunkt der menschenwürdigen Existenz“ und damit Art. 1 GG.[336] Bezüglich des Existenzminimums findet sich dann ein expliziter Verweis auf BVerwGE 1, 159.[337]

333 Starck, in: v. Mangoldt/Klein/Starck, GG I (1999), Art. 2 Rdnr. 195.

334 H. Schulze-Fielitz, in H. Dreier (Hrsg.), Grundgesetz-Kommentar, Bd. 1, 2. Aufl. 2004, Art. 2 II, Rn. 76.

335 H. Schulze-Fielitz, in H. Dreier (Hrsg.), Grundgesetz-Kommentar, Bd. 1, 2. Aufl. 2004, Art. 2 II, Rn. 96, FN 375 (Hervorhebungen im Original).

336 Kunig, in: von Münch/Kunig, GGK I, 5. Aufl. 2000, Rn. 60 zu Art. 2 (Hervorhebung im Original).

337 Kunig, in: von Münch/Kunig, GGK I, 5. Aufl. 2000, Rn. 36 zu Art. 1.

Diese Bezugnahme auf besagte Entscheidung lässt sich sehr häufig beobachten. So führt beispielsweise auch Starck in seiner eben erwähnten Kommentierung aus, dass der Anspruch aus Art. 1 Abs. 1 im Vergleich zu jenem aus Art. 2 Abs. 2 (der ja nur ein Recht auf staatliche „Unterstützung" nach sich ziehe, „wenn anders das nackte Leben bedroht" sei) „weitergehend" sei.[338] Allerdings bezieht er sich im Kontext der aus Art. 1 von der Rechtsprechung abgeleiteten „staatliche[n] Schutzpflicht vor materieller Not" dann nicht auf BVerwGE 1, 159.[339] Wohl tut dies im selben Kommentar Depenheuer, der sich dem Thema *Existenzsicherung* als Ausdruck „soziale[r] Teilhabe" im Zusammenhang mit Art. 14 GG zuwendet.[340] Auch Dreier verweist im Zusammenhang mit der *„Gewährleistung des Existenzminimums"* auf die Entscheidung BVerwG 1, 159.[341]

Und auch sonst wird die genannte Entscheidung überwiegend als Beleg für einen verfassungsrechtlichen Anspruch auf ein Existenzminimum herangezogen.[342] Dies ist jedoch, wie oben gezeigt, unzutreffend: Kerngehalt der Entscheidung war nicht die Frage, wie hoch die Richtsätze zu sein haben und ob dem Kläger die volle Mietbeihilfe oder nur die Hälfte gewährt wird, weil Frau Goldenstein Arbeitslosenfürsorgeunterstützung erhielt, die auf die Miete anzurechnen sei: Ausgehend vom Leitsatz der Entscheidung: „Soweit das Gesetz [!] dem Träger der Fürsorge zu Gunsten des Bedürftigen Pflichten auferlegt, hat der Bedürftige entsprechende Rechte", ist für die Anerkennung eines verfassungsrechtlichen Anspruchs auf Gewährung eines Existenzminimums aus mehreren Gründen kein Raum. Zum einen ging das erkennende Gericht selbst davon aus, dass sich ein etwaiger An-

338 Starck, in: v. Mangoldt/Klein/Starck, GG I (1999), Art. 2 Rdnr. 195.

339 Starck, in: v. Mangoldt/Klein/Starck, GG I (1999), Art. 1 Rdnr. 36.

340 Depenheuer, in: v. Mangoldt/Klein/Starck, GG I (1999), Art. 14 Rdnr. 73, FN 178.

341 H. Dreier, in H. Dreier (Hrsg.), Grundgesetz-Kommentar, Bd. 1, 2. Aufl. 2004, Art. 1 I, Rn. 158, FN 529 (Hervorhebungen im Original).

342 Karl-Jürgen Bieback, Verfassungsrechtlicher Schutz gegen Abbau und Umstrukturierung von Sozialleistungen. Berlin/New York: de Gruyter 1997, S. 31 FN 130; Höfling in: Sachs, Grundgesetz, 5. Auflage 2009, Art. 1 Rn. 31; Kunig, in: von Münch/Kunig, GGK I, 5. Auflage München 2000, Rn. 30 zu Art. 1; Sommermann, in: v.Mangoldt/Klein/Starck, GG II, 4. Auflage 2000, Art. 20 Rdnr. 124; Alfred Katz, Staatsrecht. 15. Auflage Heidelberg: Müller, Hüthig 2002, S. 112, Rn. 221; Ekkehart Stein, Staatsrecht. 14., völlig neu bearb. Aufl. Tübingen: Mohr Siebeck 1993, S. 174; Rüdiger Breuer, Grundrechte als Anspruchsnormen, in: Otto Bachof (Hg.), Verwaltungsrecht zwischen Freiheit, Teilhabe und Bindung. Festgabe zum 25jährigen Bestehen des Bundesverwaltungsgerichts, München: Beck 1978, S. 89, 96.

spruch aus dem Gesetz, also dem Fürsorgerecht ergibt. Über die Höhe, respektive den Umfang des Anspruchs wurde im Ergebnis nicht geurteilt, da das Gericht die Klage mangels konkreter Bedürftigkeit des Klägers als nicht begründet beurteilte. Aus dem Leitsatz lässt sich schließen, dass ein etwaiger Anspruch in der Höhe zu gewähren sei, die das Gesetz vorsieht. Daher lässt sich das Urteil weder als Anerkennung einer Anspruchsgrundlage für ein Existenzminimum, noch als Beleg für die Höhe eines solchen heranziehen.[343] Zutreffend wäre es hingegen, die Entscheidung als erstmaligen Beleg für die Verwendung der Objektformel zu zitieren.

Die fortgesetzte Zitierung des Urteils als Beleg für eine am Kerngehalt des Urteils vorbeigehende Aussage mag ihre Ursache in der Wahrnehmung von insbesondere höchstrichterlichen Entscheidungen als absolute Richtersprüche zu bestimmten Themengebieten haben, die unabhängig von gesellschaftlichen und historischen Gegebenheiten Geltung beanspruchen. Betrachtet man demgegenüber den historischen Kontext genauer, so bildet das Inkrafttreten des Grundgesetzes am 23. Mai 1949 eine – auch gedankliche – Zäsur.[344] Heutige Leser seither ergangener Urteile neigen dazu, diese so zu interpretieren, als wären sie zeitlich unmittelbar nahe, unabhängig davon, wie alt sie tatsächlich sein mögen. Bei Urteilen, die sich auf nicht mehr in Kraft stehende Gesetze oder obsolete Rechtsmaterien gründen, ist die historische Dimension offenkundig. Doch wenn die Rechtsgrundlage eines Urteils noch sehr präsent und aktuell ist, scheinen auch ältere, auf sie gegründete Entscheidungen von Gerichten gegenwärtig. Dieser Trugschluss kann leicht den kritischen historischen Blick auf Kontexte verstellen, die uns heute im Grunde bereits sehr fern sind. Es macht doch einen Unterschied, ob wir im Jahr 2020 einen Text aus 2018 oder aus 1954 interpretieren, denn jeder Text steht in Abhängigkeit zu Rahmenbedingungen und Vorannahmen, die ihn als unausgesprochene Voraussetzungen prägen und von zeitgenössischen Leserinnen und Lesern in der Regel eher erkannt werden als dies später der Fall ist.[345] Genau genommen ist jeder Text (auch jeder Rechtstext) deutungsabhängig, was

343 So auch Friedrich Schnapp, Magna Charta des Anspruchs auf Existenzsicherung, in: NZS 2010, S. 136.

344 Zu Genese und ideengeschichtlicher Bedeutung des Grundgesetzes Uwe Wesel, Recht, Unrecht und Gerechtigkeit. Von der Weimarer Republik bis heute. München: Beck 2003, S. 141 ff.

345 Hans-Georg Gadamer, Hermeneutik I. Wahrheit und Methode. Grundzüge einer philosophischen Hermeneutik (=Hans-Georg Gadamer, Gesammelte Werke, Bd. 1). 6. Aufl. Tübingen: Mohr 1990, S. 375 ff.; Odo Marquard, Frage nach der Frage, auf die die Hermeneutik die Antwort ist, in: Odo Marquard, Ab-

häufig allerdings nicht oder nicht zureichend zur Kenntnis genommen wird. So kann leicht folgender Eindruck entstehen: „[E]ine Äußerung, bzw. mehrere aufeinander folgende Äußerungen, erscheinen uns aufgrund ihrer jeweiligen Inhalte meist intuitiv verknüpft in einem ‚Geschichtenzusammenhang' (einem Sprachspiel). Nur wenn sich dieser Zusammenhang nicht im ersten Verstehen einstellt, wenn wir also zwar die einzelnen Sätze (in einem gewissen, doch unvollkommenen Sinn) ‚verstehen', aber nicht den Textsinn als solchen, also den Zusammenhang der Sätze nicht erkennen, dann müssen wir beginnen zu deuten, zu interpretieren."[346]

Doch so einfach verhält es sich naturgemäß nicht. Im Blick auf historische Entscheidungen führt diese scheinbare Selbstevidenz verstehenden Zugriffs auf Texte zu Verzerrungen und Projektionen, die einer anachronistischen Betrachtungsweise entspringen. Im gegenständlichen Zusammenhang wird dies besonders deutlich, wenn das Urteil BVerwG 1, 159 als Beispiel für verfassungskonforme Interpretation herangezogen wird[347]. Zutreffend ist zwar, dass das Bundesverwaltungsgericht einen (neuen) Anspruch des Fürsorgebedürftigen nicht direkt aus der Verfassung hergeleitet hat, wie oft in den oben genannten Anmerkungen und Artikeln kritisiert wurde. Von einer verfassungskonformen Auslegung als *terminus technicus* zu sprechen, verkennt allerdings den historischen Kontext der Entscheidung, da der Umgang mit dem Grundgesetz und den Länderverfassungen keineswegs routiniert war. Es ist zutreffend, dass das erkennende Gericht die fürsorgerechtlichen Bestimmungen anhand der Wertungen des Grundgesetzes und den veränderten sozialen Gegebenheiten neu ausgelegt hat: „Die den Grundgedanken der Verfassung entsprechende Auslegung des Fürsorgerechts hat vielmehr das Ergebnis: Soweit das Gesetz dem Träger der Fürsorge zugunsten des Bedürftigen Pflichten auferlegt, hat der Bedürftige entsprechende Rechte und kann daher gegen ihre Verletzung den Schutz der Verwaltungsgerichte anrufen." Eine verfassungskonforme Auslegung als juristisches Werkzeug im heutigen Sinne ist damit hingegen nicht gemeint, dies wird schon am Begründungsaufwand des Urteils, eine derartige Auslegung zuzulassen, ersichtlich.

---

schied vom Prinzipiellen. Philosophische Studien. Stuttgart: Reclam 1995 (= UB 7724), S. 122 ff.

346 Busse, Dietrich: Recht als Text, Linguistische Untersuchungen zur Arbeit mit Sprache in einer gesellschaftlichen Institution. Tübingen: Niemeyer 1992, S. 50.

347 Friedrich Schnapp, Magna Charta des Anspruchs auf Existenzsicherung, S: 136; vgl. auch SGb 02/1, S. 61.

Rechts- und politiktheoretisch betrachtet hat die Entscheidung allerdings eine erheblich größere Tragweite. Im Grunde führt das Urteil weit hinein in Grundsatzfragen zum Verhältnis von Rechts- und Sozialstaat sowie zu jenem von Staat und Bürgern. In BVerwG 1, 159 hat ein oberstes deutsches Gericht die Beziehung des Staates zu „seinen“ Bürgern erstmals einer grundlegenden Revision unterzogen. Staatsbürger als Untertanen zu betrachten, die es zu erziehen und zu formen galt, war bis weit ins 20. Jahrhundert ein üblicher Zugang vieler europäischer Staaten. In Deutschland mochte dieser Ansatz besonders ausgeprägt gewesen sein, nicht allein im Blick auf die Zeit nationalsozialistischer Herrschaft, sondern auch davor, und im Zusammenhang mit dem Themenkomplex *Sozialfürsorge* fand dies gleich in mehrfacher Hinsicht Ausdruck. Ein Rechtsanspruch auf Sozialleistungen wurde dementsprechend weder im Kaiserreich noch in der Weimarer Republik, danach schon gar nicht und auch nicht in den ersten Jahren nach Kriegsende zuerkannt. Hinzu kam eine Art moralischen Vorwurfs gegenüber Menschen, die als „arm“ einzustufen waren sowie die immer wieder geäußerte Befürchtung, diese würden durch Rechtsansprüche auf Sozialleistungen noch weniger motiviert, einer bezahlten Erwerbstätigkeit nachzugehen oder dies auch nur anzustreben.[348] Auffassungen dieser Art entsprachen dem alten staatlichen Reglementierungs- und Erziehungsmodell, das Menschen in „gelehrige Körper“ [349] zu transformieren bestrebt war und die Ursachen ökonomischen Scheiterns beim Individuum suchte statt in den teils sehr komplexen Beziehungen, in denen Menschen agieren und nicht immer jene Spielräume und Möglichkeiten finden, die sie benötigen würden, um ökonomisch erfolgreich sein zu können.

Deutsche Gerichte haben sich, wie oben in den Kapiteln A bis D dargelegt wurde, dieser Problematik erst im Nachgang zum 2. Weltkrieg langsam anzunähern begonnen. Ausschlaggebend dafür war offenbar der kaum übersehbare Umstand weit verbreiteten sozioökonomischen Elends unter der Bevölkerung in den Jahren nach Kriegsende. Entsprechende Überlegungen wurden in rechtswissenschaftlichen und rechtspolitischen Kontexten vielfach artikuliert.[350] Sie finden sich auch in den Ausführungen des Senatspräsidenten Knoll zu BVerwGE 1, 159 und haben wohl auch für dieses Urteil zentrale Bedeutung gehabt. Von selbstverschuldetem

---

348 Vgl. oben A und B.

349 Grundlegend Michel Foucault, Überwachen und Strafen. Die Geburt des Gefängnisses. Aus dem Französischen v. Walter Seitter. Frankfurt am Main: Suhrkamß 1994 (= st 2271), insbes. S. 175 ff.

350 exemplarisch Rosner in ND 51, 138.

Elend wollte man nun offenbar nicht mehr sprechen, zumindest nicht grundsätzlich, und es schien auch nicht anzugehen, Menschen in finanziellen Notlagen prinzipiell als Bittsteller zu behandeln. Diesen Bittstellerstatus hat BVerwGE 1, 159 zweifellos sehr eindrucksvoll beendet, indem Fürsorgeberechtigte nunmehr als Subjekte von Rechtsansprüchen eingestuft wurden.

Nicht zu übersehen ist in diesem Zusammenhang allerdings, dass die zugrundeliegenden Überlegungen, wie sie etwa in den Ausführungen des Senatspräsidenten Knoll Ausdruck finden, keineswegs revolutionäre Brüche mit bislang gepflogenen Denkmodellen darstellten. Auffallend ist hier insbesondere die Bemerkung, dass es sich „heute" bei in Not geratenen Menschen „zum großen Teil um wertvolle Teile des Volkes" handle; dass jemand „nicht im Stande" sei, „für seinen Lebensunterhalt selbst voll aufzukommen", mache ihn nicht zu einem „Volkszugehörigen minderen Wertes und Rechtes".[351] Im Umkehrschluss bedeutet dies allerdings, dass es für Knoll durchaus „Volkszugehörige minderen Wertes und Rechtes" gegeben hat. Welche Kriterien erfüllt sein mussten, um diesen wenig erstrebenswerten Status zu erlangen, führte Knoll allerdings nicht aus, sondern erklärte lediglich, dass das Unvermögen, „voll" für den eigenen „Lebensunterhalt [...] aufzukommen", dafür nicht (mehr) ausreiche. Unwillkürlich drängen sich hier die im NS-Staat gebräuchlichen Begriffe „Volksgemeinschaft" und „Volksgenosse" auf, die ebenfalls mit bestimmten „Qualitätszuschreibungen" verbunden waren, was sich in Kategorien von „Wert" und „Unwert" ausdrückte.[352] Dieser Eindruck liegt umso näher, als Knoll meint, es seien nun eben so viele „wertvolle Teile des Volkes" in Not geraten, dass daraus kein moralischer oder eben „charakterlicher" Makel abgeleitet werden könne.[353] Daraus folgt, dass dies ehedem anders gewesen sei und sich die Rechtsprechung nun eben den geänderten Verhältnissen anzupassen hätte, die eine geänderte Bewertung konkreten menschlichen Handelns nach sich ziehe.

351 Knoll, NDV 1954, S. 357 ff., s.o. unter E.I.

352 Cornelia Schmitz-Berning, Vokabular des Nationalsozialismus. Berlin/New York: de Gruyter 2000, 654 – 664; Raphael Gross, Anständig geblieben. Nationalsozialistische Moral. Frankfurt am Main: Fischer Taschenbuch Verlag 2010 (= Fischer TB 18757), insbes. S. 7 ff., 37 ff.

353 Zum Konzept „charakterlicher" Mängel in Ideologie und Sprache des Nationalsozialismus Victor Klemperer, LTI. Notizbuch eines Philologen. 24., völlig neu bearb. Aufl. Nach der Ausgabe letzter Hand hg. u. kommentiert v. Elke Fröhlich. Stuttgart: Reclam 2010, S. 216f.; Schmitz-Berning, Vokabular des Nationalsozialismus, S: 132 f.

Ohne an dieser Stelle etwaige heutige Sichtweisen und deren ethische Implikationen auf Verhältnisse der 1950er-Jahre projizieren zu wollen, bleibt hier doch ein nicht geringes Unbehagen, wenn man bedenkt, wodurch die in dieser Zeit konstatierte sozioökonomische Not hervorgerufen worden war und welches Elend Angehörige der deutschen und österreichischen Bevölkerung, die sich kurz davor noch selbst als besonders „wertvoll" etikettiert hatten, über andere gebracht hatten. Zwar lagen die Auschwitzprozesse noch in weiter Ferne und waren in den frühen 1950er-Jahren innerhalb der Justiz vermutlich weitgehend noch gar nicht vorstellbar. Gleichwohl scheint die Auffassung, man habe auch sonst nicht viel über die Dinge gewusst, die sich zwischen 1933 und 1945, besonders ab 1939 im deutschen Herrschaftsbereich zugetragen haben, gerade für Angehörige der Justiz eher schwierig zu halten sein. Es gab Prozesse wegen horribler Taten und vielfach sehr milde rechtliche Konsequenzen.[354] Wenn 1954 gleichwohl in Kreisen oberster Rechtsprechung noch von „Volkszugehörigen minderen Wertes und Rechtes" gesprochen werden konnte, verrät dies, dass noch vieles an überkommenen und teils noch gar nicht fernen Sichtweisen nach wie vor präsent war. Der Anteil gerade dieser Sichtweisen an dem nunmehr beklagten Elend schien so wenig der Überlegung wert wie die ganz grundlegenden Probleme, die sie aufwarfen.[355]

So war es also ein langsamer aber steter Wandel, der sich in der bundesrepublikanischen Rechtsprechung vollzog. Dass Fürsorgeberechtigte zu Subjekten von Rechtsansprüchen wurden, verweist im Übrigen auch auf Veränderungen im Konzept des Rechtsstaats sowie insbesondere des Verhältnisses von Rechts- und Sozialstaat.[356] An anderer Stelle wurde auf Ernst Forsthoffs These einer prinzipiellen Gegensätzlichkeit und insofern potentiellen Konflikthältigkeit von Rechts- und Sozialstaat hingewiesen.[357] Umso mehr, als diese These nicht gänzlich aus der Welt zu sein scheint,

354 Jörg Menzel, Vergangenheitsbewältigung in der frühen Judikatur des Bundesverfassungsgerichts: Beamten- und Gestapo-Urteil, in: Thomas Henne/Arne Riedlinger (Hg.), Das Lüth-Urteil aus (rechts-) historischer Sicht. Die Konflikte um Veit Harlan und die Grundrechtsjudikatur des Bundesverfasssungsgericht. Berlin: BWV 2005, S. 225 ff.; Marc v. Miquel, Ahnden oder amnestieren? Westdeutsche Justiz und Vergangenheitspolitik in den sechziger Jahren. Göttingen: Wallstein 2004, S. 23 ff.; Irmtrud Wojak, Fritz Bauer. 1903 – 1968. Eine Biographie. Sonderausgabe München: Beck 2011, S. 244 ff.

355 Gross, Anständig geblieben, S. 237 ff.

356 Zu langsamen, aber gravierenden Veränderungen gerade im Verwaltungsrecht vgl. z. B. auch Wesel, Recht, Unrecht und Gerechtigkeit, S. 188 ff.

357 Vgl. oben B.IV.2.

soll sie an dieser Stelle noch einmal einer kritischen Auseinandersetzung unterzogen werden. Sie hängt, wie angedeutet, grundlegend mit Forsthoffs Vorstellungen vom Staat ganz allgemein zusammen.

Forsthoff zog das in der frühen Bundesrepublik intensiv diskutierte Modell eines sozialen Rechtsstaats ganz grundlegend in Zweifel. „Die Formel sozialer Rechtsstaat'" sei, so Forsthoff, „kein Rechtsbegriff in dem Sinne, daß sie einen besonderen Rechtsstaatsbegriff von eigener, institutioneller Prägung und spezifischem materiellen Gehalt bezeichnet. Allein aus dieser Formel lassen sich weder Rechte noch Pflichten begründen [...]"[358]

In Forsthoffs Ansatz blieb daher eine grundlegende Differenz zwischen Rechts- und Sozialstaat bestehen. Der rechtstheoretischen Differenzierung entsprach die sozialtheoretische, die, anstelle eines Anspruchs auf staatliche Leistungen etwas propagierte, das Forsthoff „Daseinsvorsorge" (zunächst genauer „Daseinsfürsorge") nannte, ein Begriff, der nicht nur in nachfolgenden Diskussionen um Sozialstaat und Sozialversicherung eine beachtliche Karriere machen sollte. Forsthoff elaborierte den Terminus 1938 in seinem Aufsatz „Der Staat als Leistungsträger".

Michael Stolleis hat darauf hingewiesen, dass sich Forsthoff damit „keinesfalls nur taktisch-opportunistisch an der Oberfläche des politischen Geschehens im Nationalsozialismus" bewegt habe, „sondern" ihm „eine zugleich moderne als auch ‚material'-antipositivistische Konzeption vorschwebte, durch die" er „hoffte", das „Ideal eines Gemeinwesens zu realisieren, das die Gegensätze von Staat und Gesellschaft, Individuum und Gemeinschaft, öffentlichem und privatem Recht in sich ‚aufheben' sollte."[359] Klar und für unseren Zusammenhang wichtig ist, dass sich aus einer solchen Konstruktion keinerlei Rechtsansprüche von Individuen gegenüber der für ihr Dasein vorsorgenden *Gemeinschaft* ergeben konnten, sondern von einer im weitesten Sinn paternalistischen Disposition ausgegangen wurde.

Aktuell vertritt z. B. Dreier in seiner Kommentierung zu Art. 20 Abs. 1 GG die Ansicht, dass alle drei darin genannten Prinzipien „bei weitem nicht erschöpfend erfasst" seien, auch nicht unter Heranziehung „*andere*[r]

---

358 Ernst Forsthoff, Begriff und Wesen des sozialen Rechtsstaates, in: Ernst Forsthoff/Wilhelm Grewe/Otto Bachof/Eberhard Menzel, Begriff und Wesen des sozialen Rechtsstaates. Die auswärtige Gewalt der Bundesrepublik (= Veröffentlichungen der Vereinigung der Deutschen Staatsrechtslehrer, Heft 12). Berlin: de Gruyter 1954, S. 27.

359 Michael Stolleis, Geschichte des öffentlichen Rechts in Deutschland. Bd. 3: 1914 – 1945. München: Beck 1999, S. 367, mit weiteren Nachweisen zu Rezeption und Kritik.

*Verfassungsnormen*". Dies stelle „die Interpretation stets aufs Neue vor die Aufgabe, hier im einzelnen genaue Abgrenzungen und Zuordnungen vorzunehmen".[360] Dreier ist in weiterer Folge offenkundig bestrebt, sämtliche in Art. 20 Abs. 1 GG genannten Prinzipien oder Elemente für sich zu behandeln und allfällige Konflikte gar nicht zu thematisieren, sondern „die staatliche Verantwortung für den Schutz der sozial Schwachen" als zentrales und zweifellos rechtsstaatkompatibles Element des Sozialstaats herauszuarbeiten und zu exemplifizieren.[361]

Sommermann meint, „der soziale Rechtsstaat" könne „als der Staat definiert werden, der aktiv gestaltend die Voraussetzungen für die Freiheitsbetätigung seiner Bürger verbessert, wozu namentlich die Befreiung von wirtschaftlichen Notlagen, die Daseinsvorsorge [...], die Bekämpfung von Arbeitslosigkeit [...] sowie die Förderung der Chancengleichheit zählen." Aus dieser Perspektive müssten „[s]ozialstaatliche Maßnahmen [...] vorrangig Freiheitsförderung zum Ziel haben".[362]

Ohne diese Fragen an dieser Stelle weiter erörtern oder gar die sich daraus ergebenden Probleme lösen zu können, machen die dargestellten Positionen doch hinlänglich klar, dass Forsthoffs Auffassung einer grundlegenden Entgegensetzung von Rechts- und Sozialstaat weder zwingend noch geeignet ist, Fragen, die Art. 20 Abs. 1 GG aufwirft, einer Lösung zuzuführen.

Ein weiteres Thema, das im Zusammenhang mit BVerwGE 1, 159 angesprochen wurde, ist die Frage richterlicher Rechtsfortbildung. Diese lässt sich rechtstheoretisch unter dem Gesichtspunkt problematisieren, dass sie den Gedanken der Gewaltenteilung unterlaufe. Es konnte gezeigt werden, dass sich dieses Problem gerade im Kontext des gegenständlichen Urteils nicht wirklich zugespitzt hat, zumal die richterliche Deutung der relevanten gesetzlichen Regelungen mit Veränderungen des Verfassungsrechts (sowohl einzelner Länder wie des Bundes) korrelierte. Grundsätzlich lässt es sich vielleicht mit dem Hinweis auf logische Grenzen der Gewaltenteilungsidee entschärfen. So bedarf jeder Text, auch jeder Rechtstext, der Interpretation, und diese kann – mit jeweils guten Gründen – unterschiedlich ausfallen, ohne beliebig zu werden. Auch in kontinentaleuropäischen

---

360 H. Dreier, in: H. Dreier, Grundgesetz-Kommentar, Bd. 2, 2. Aufl. 2006, Art. 20 (Einführung) Rn. 13 (Hervorhebungen im Original).

361 H. Dreier, in: H. Dreier, Grundgesetz-Kommentar, Bd. 2, 2. Aufl. 2006, Art. 20 (Sozialstaat) Rn. 17 ff.

362 Sommermann, in: v. Mangoldt/Klein/Starck, GG II (2000), Art. 20 Rdnr. 106 (Hervorhebungen im Original).

Rechtsordnungen, die – anders als im *common law* – keine strikte Bindung der Untergerichte oder Verwaltungsgerichte an Entscheidungen oberster Gerichte kennen, entwickeln deren Urteile, insbesondere wenn sie durch ausführliche Begründungen gestützt werden, faktisch eine persuasive Wirkung, die ihnen auch Vertreter rechtspositivistischer Positionen attestieren.[363] Hinzu kommt eine nicht nur im deutschen Sprachraum bemerkbare Tendenz juristischer Praxis, sich an herrschenden Meinungen und herrschender Rechtsprechung zu orientieren, aus welchen Gründen auch immer, und in diesem Zusammenhang spielen die Judikaturlinien von Höchstgerichten eine erhebliche Rolle.[364]

In diesem Zusammenhang ergeben sich auch Vergleichsmöglichkeiten mit einer anderen bahnbrechenden Entscheidung eines bundesdeutschen Höchstgerichts aus den 1950er-Jahren, dem Lüth-Urteil. Unter prozessualen Gesichtspunkten gehört das Urteil BVerwGE 1, 159 zu einer Reihe von richtungsweisenden Entscheidungen der 1950er-Jahre.[365] In dieser Hinsicht und unter dem Blickwinkel seiner Wirkungen kann es durchaus auch mit dem Lüth-Urteil des Bundesverfassungsgerichts verglichen werden. Insbesondere offenbart sich in beiden Fällen ein in deutlichem Wandel begriffenes Verständnis von der Unabhängigkeit und Deutungsmacht oberster Gerichte. Zugleich lasst sich eine an konkreten Rechten von Bürgern gegenüber dem Staat bzw. der Freiheit des Einzelnen orientierte Verfassungsinterpretation erkennen.[366]

---

363 Clemens Jabloner, Richterrecht als Rechtsquelle?, in: Clemens Jabloner et al. (Hg.), Gedenkschrift Robert Walter. Wien: Manz 2013, S. 185 ff.

364 Robert Alexy, Theorie der juristischen Argumentation. 2. Aufl. Frankfurt am Main: Suhrkamp 1991 (= stw 436), S. 223f.; Uwe Wesel, Juristische Weltkunde. Eine Einführung in das Recht. 8., vollständig überarbeitete u. aktualisierte Neuauflage. Frankfurt am Main: Suhrkamp 2000 (= stw 467), S. 189 ff.

365 Unter Relevanzgesichtspunkten werden das Lüth-Urteil und BVerwGE 1, 159 öfters auf eine Ebene gestellt; z. B. von Wesel, Geschichte des Rechts, S. 560 ff., 565 f.

366 Im Blick auf das Lüth-Urteil vgl. diesbezüglich Thomas Hollstein, Um der Freiheit willen – die Konzeption der Grundrechte bei Hans Carl Nipperdey in den 1950er-Jahren, in: Thomas Henne/Arne Riedinger (Hg.), Das Lüth-Urteil aus (rechts-) historischer Sicht. Die Konflikte um Veit Harlan und die Grundrechtsjudikatur des Bundesverfassungsgerichts. Berlin: BWV 2005, S. 249 ff.; André Brodocz, Lüth und die Deutungsmacht des Bundesverfassungsgerichts, in: Thomas Henne/Arne Riedinger (Hg.), Das Lüth-Urteil aus (rechts-) historischer Sicht. Die Konflikte um Veit Harlan und die Grundrechtsjudikatur des Bundesverfassungsgerichts. Berlin: BWV 2005, S. 271 ff.

# Literaturverzeichnis

## *Quellen*


Bayerischer VGH, DÖV 1949, S. 375.

BVerwGE 1, 97.

BVerfGE 2, 336.

BVerwGE 1, 159.

Deutscher Verein für öffentliche und private Fürsorge (DV), Zur Frage eines subjektiven öffentlichen Rechts des Hilfsbedürftigen gegenüber dem Fürsorgeträger, DÖV 1949, S. 91.

Entscheidungen des Oberverwaltungsgericht Berlin, Bd. 1,19 154, S. XXV.

Hessischer VGH vom 16.03.49 – DÖV 1949, S. 377.

Jahrbuch der Entscheidungen des Thüringischen Oberverwaltungsgerichts, 18. Band, Jahrgang 1946/47, S. 5 ff.

Jahrbuch der Entscheidungen des Thüringischen Oberverwaltungsgerichts, 18. Band, Jahrgang 1946/47, S. 11.

LVG Rheinland-Pfalz, DVBl 1953, S. 151.

OVG Münster, DVBl 1951, S. 84.

OVG Hamburg, DVBl 1951, S. 311.

OVG Lüneburg, OVGE Bd. 4, S. 224.

Reichsgrundsätze über Voraussetzung, Art und Maß der öffentlichen Fürsorge vom 04.12.1924 (RGBl. I S. 765).

Sächsisches OVG vom 13.03.29; OVG Jena vom 09.04.46; VGH Bremen vom 20.01.48; VG Stuttgart vom 18.02.49 – DÖV 1950, S. 433.

VG Hannover vom 19.12.1951 - Urteilssammlung des Niedersächsischen Landesarchivs Nds. 731 Hannover Acc. 122/93 Nr. 389: Urteilssammlung 3. Kammer A1/51 – 74/51.

Zeitschrift für Heimatswesen 1934, S. 63.

## Sekundärliteratur

*Alexy, Robert*: Theorie der juristischen Argumentation, 2. Auflage, Frankfurt am Main 1991.

*Baath, Peter August*: Verordnung über die Fürsorgepflicht vom 13.02.1924 einschließlich der für Voraussetzung, Art und Maß der öffentlichen Fürsorge geltenden Reichsgrundsätze und der Nebengesetze sowie der einschlägigen landesrechtlichen Vorschriften, erläutert von P. A. Baath, Geheimer Regierungsrat, Mitglied des Bundesamtes für das Heimatwesen, Beisitzer aus der sozialen Fürsorge im Reichsversorgungsgericht, 4., vermehrte Auflage, Berlin 1926.

*Baath/ Kneip/ Langlotz (Hrsg.)*: Fürsorgepflicht, nach der Verordnung vom 13.02.1924 einschließlich der für Voraussetzung, Art und Maß der öffentlichen Fürsorge geltenden Reichsgrundsätze und der Nebengesetze, der Verfahrensvorschriften sowie der einschlägigen landesrechtlichen Vorschriften, 13. Auflage, Berlin 1942.

*Bachof, Otto*: Der Rechtsschutz im öffentlichen Recht, Gelöste und ungelöste Probleme – Versuch einer Bilanz, DÖV 1953, S. 417.

*Baldus, Manfred*: Kämpfe um die Menschenwürde, Die Debatten seit 1949, Berlin 2016.

*Bauer, Wilhelm:* Aktuelle Kernfragen der Verwaltungsrechtspflege, DÖV 1948, S. 28.

*Bayer, Erich (Hrsg.):* Wörterbuch zur Geschichte, Stuttgart 1960.

*v. Berg, Günther Heinrich:* Sammlung Teutscher Policeygesetze nach der Ordnung des deutschen Policeyrechts, 2. Teil, 2. Bd. Hannover 1808.

*Bieback, Karl-Jürgen:* Verfassungsrechtlicher Schutz gegen Abbau und Umstrukturierung von Sozialleistungen, Berlin/New York 1997

*v. Brauchitsch, Max:* Preußische Verwaltungs-Gesetze, Band 1, 24. Auflage Berlin 1925.

*Breuer, Rüdiger:* Grundrechte als Anspruchsnormen, in: Otto Bachof (Hrsg.), Verwaltungsrecht zwischen Freiheit, Teilhabe und Bindung. Festgabe zum 25jährigen Bestehen des Bundesverwaltungsgerichts, München 1978, S. 86.

*Brodocz, André:* Lüth und die Deutungsmacht des Bundesverfassungsgerichts, in: Thomas Henne/Arne Riedinger (Hrsg.), Das Lüth-Urteil aus (rechts-) historischer Sicht, Die Konflikte um Veit Harlan und die Grundrechtsjudikatur des Bundesverfassungsgerichts, Berlin 2005, S. 271.

*Busse, Dietrich:* Recht als Text Linguistische Untersuchungen zur Arbeit mit Sprache in einer gesellschaftlichen Institution, Tübingen 1992.

*Depenheuer, Otto:* Entwicklungslinien des verfassungsrechtlichen Eigentumsschutzes in Deutschland 1949 – 2001, in: Thomas Dannwitz/Otto Depenheuer/Christoph Engel (Hrsg.), Bericht zur Lage des Eigentums, Berlin (u.a.) 2002, S. 128.

*Diefenbach, Friedrich:* Ein Reichsarmengesetz, Vorschläge zur Reform der deutschen Reichsarmengesetzgebung, Karlsruhe 1920.

*Doege, Michael:* Armut in Preußen und Bayern (1770 – 1840), (= Neue Schriftenreihe des Stadtarchivs München), München 1991.

*Dreier, Horst (Hrsg.):* Grundgesetz-Kommentar, Bd. 1: 2. Auflage 2004, Bd. 2: 2. Aufl. 2006.

*Dürig, Günter:* Der Grundrechtssatz von der Menschenwürde, AÖR 81 (1956), S. 117.

*Forsthoff, Ernst:* Begriff und Wesen des sozialen Rechtsstaates, in: Ernst Forsthoff/ Wilhelm Grewe/Otto Bachof/Eberhard Menzel (Hrsg.), Begriff und Wesen des sozialen Rechtsstaates, Die auswärtige Gewalt der Bundesrepublik (= Veröffentlichungen der Vereinigung der Deutschen Staatsrechtslehrer, Heft 12), Berlin 1954, S. 5.

*Forsthoff, Ernst:* Die Daseinsvorsorge und die Kommunen, Köln-Marienburg 1958.

*Forsthoff, Ernst:* Lehrbuch des Verwaltungsrechts, Bd. 1: Allgemeiner Teil, München 1950.

*Foucault, Michel:* Überwachen und Strafen, Die Geburt des Gefängnisses, Aus dem Französischen v. Walter Seitter, Frankfurt am Main 1994 (= st 2271).

*Friauf, Karl Heinrich:* Zur Rolle der Grundrechte im Interventions- und Leistungsstaat, DVBl. 1971, S. 674.

*Frotscher, Werner / Pieroth, Bodo:* Verfassungsgeschichte, 3. Aufl. München 2002.

*Gadamer, Hans-Georg*: Hermeneutik I, Wahrheit und Methode, Grundzüge einer philosophischen Hermeneutik (=Hans-Georg Gadamer, Gesammelte Werke, Bd. 1), 6. Auflage, Tübingen 1990.

*Goeken-Haidl, Ulrike*: Repatriierung in den Terror? Die Rückkehr der sowjetischen Zwangsarbeiter und Kriegsgefangenen in ihre Heimat 1944-1956, Dachauer Hefte 16 (2000), S. 203.

*Gottschick, Hermann:* Öffentliche Fürsorge und Verwaltungsgerichtsbarkeit, DÖV 1963, S. 435.

*Gross, Raphael:* Anständig geblieben, Nationalsozialistische Moral, Frankfurt am Main 2010 (= Fischer TB 18757).

*Hammerschmidt, Peter / Tennstedt, Florian:* Der Weg zur Sozialarbeit: Von der Armenpflege bis zur Konstituierung des Wohlfahrtstaates in der Weimarer Republik, in: Werner Thole (Hrsg.): Grundriss Soziale Arbeit, Ein einführendes Handbuch, 2., überarb. u. aktualisierte Auflage, Wiesbaden 2005, S. 72.

*Hatschek, Julius:* Lehrbuch des deutschen und preußischen Verwaltungsrechts, dritte und vierte verbesserte Auflage Leipzig, Erlangen 1924.

*Held, Hermann:* Fürsorgepflicht und Fürsorgeanspruch nach geltendem Verfassungs- und Verwaltungsrecht, DÖV 1951, S. 8.

*Helfritz, Hans:* Verwaltungsrecht, Hannover 1949.

*Hesse, Konrad:* Grundzüge des Verfassungsrechts der Bundesrepublik Deutschland. 20. Auflage, Heidelberg 1995.

*Hollstein, Thomas:* Um der Freiheit willen – die Konzeption der Grundrechte bei Hans Carl Nipperdey in den 1950er-Jahren, in: Thomas Henne/Arne Riedinger (Hrsg.), Das Lüth-Urteil aus (rechts-) historischer Sicht, Die Konflikte um Veit Harlan und die Grundrechtsjudikatur des Bundesverfassungsgerichts, Berlin 2005, S. 249.

*van Husen, Paulus:* Gesetz über die Verwaltungsgerichtsbarkeit in Bayern, Baden-Württemberg und Hessen (DLG), Kommentar, Stuttgart 1947.

*Jabloner, Clemens:* Richterrecht als Rechtsquelle?, in: Clemens Jabloner et al. (Hrsg.), Gedenkschrift Robert Walter, Wien 2013, S. 185.

*Jacobmeyer, Wolfgang:* Vom Zwangsarbeiter zum heimatlosen Ausländer, Die Displaced Persons in Westdeutschland 1945–1951, Göttingen 1985.

*Jehle, Otto:* Alte und neue Grundsätze im Fürsorgerecht, DVBl. 1951, S. 65.

*Jellinek, Georg:* System der subjektiven öffentlichen Rechte, Freiburg i. Br. 1892.

*Jellinek, Walter:* Verwaltungsrecht, 3. Auflage, Berlin 1931.

*Kant, Immanuel:* Kritik der praktischen Vernunft, Grundlegung der Metaphysik der Sitten (= Immanuel Kant, Werkausgabe, Bd. VII; hrsg. v. Wilhelm Weischedel), 12. Auflage, Frankfurt am Main 1993.

*Katz, Alfred:* Staatsrecht, 15. Auflage, Heidelberg 2002.

*Klemperer, Victor:* LTI. Notizbuch eines Philologen, 24. Auflage, Nach der Ausgabe letzter Hand hrsg. u. kommentiert v. Elke Fröhlich, Stuttgart 2010.

*Knoll, Ernst:* NDV 1954, S. 357.

*Königseder, Angelika / Wetzel, Juliane:* Lebensmut im Wartesaal, Die jüdischen DPs (Displaced Persons) im Nachkriegsdeutschland, Frankfurt am Main 1994.

*Köttgen, Arnold:* Deutsche Verwaltung, Neue Rechtsbücher für das Studium der Rechts- und Wirtschaftswissenschaften Mannheim Berlin/Leipzig 1936.

*Kohl, Wolfgang:* Das Reichsverwaltungsgericht, Ein Beitrag zur Entwicklung der Verwaltungsgerichtsbarkeit in Deutschland (= Beiträge zur Rechtsgeschichte des 20. Jahrhunderts, Bd. 4), Tübingen 1991.

*Koselleck, Reinhart:* Begriffsgeschichte und Sozialgeschichte, in: Reinhart Koselleck, Vergangene Zukunft, Zur Semantik geschichtlicher Zeiten, 3. Auflage, Frankfurt am Main 1995 (= stw 757), S. 107.

*Koselleck, Reinhart:* Standortbindung und Zeitlichkeit, Ein Beitrag zur historischen Erschließung der geschichtlichen Welt, in: Reinhart Koselleck, Vergangene Zukunft, Zur Semantik geschichtlicher Zeiten, 3. Auflage, Frankfurt am Main 1995 (= stww 757), S. 176.

*Krüger, Herbert:* DVBl. 1951, S. 85.

*Laforet, Wilhelm:* Deutsches Verwaltungsrecht, München 1937.

*Looschelders, Dirk / Roth, Wolfgang:* Juristische Methodik im Prozess der Rechtsanwendung, Zugleich ein Beitrag zu den verfassungsrechtlichen Grundlagen von Gesetzesauslegung und Rechtsfortbildung, Berlin 1996.

*v. Mangoldt/ Klein/ Starck:* (Hrsg.), Kommentar zum Grundgesetz, 7. Auflage München 2018.

*Marquard, Odo:* Frage nach der Frage, auf die die Hermeneutik die Antwort ist, in: Odo Marquard, Abschied vom Prinzipiellen, Philosophische Studien, Stuttgart 1995 (= UB 7724), S. 117.

*Mayer, Otto:* Deutsches Verwaltungsrecht, 2. Band (= Systematisches Handbuch der Deutschen Rechtswissenschaft, begr. von Karl Bindung und Friedrich Oetker, 6/1), 3. Auflage, München/Leipzig 1924.

*Meinel, Florian:* Der Jurist in der industriellen Gesellschaft, Ernst Forsthoff und seine Zeit, Berlin 2011.

*Menzel, Jörg:* Vergangenheitsbewältigung in der frühen Judikatur des Bundesverfassungsgerichts: Beamten- und Gestapo-Urteil, in: Thomas Henne/Arne Riedlinger (Hg.), Das Lüth-Urteil aus (rechts-) historischer Sicht, Die Konflikte um Veit Harlan und die Grundrechtsjudikatur des Bundesverfassungsgerichts, Berlin 2005, S. 225.

*Merk, Wilhelm:* Deutsches Verwaltungsrecht, Berlin 1962.

*v. Miquel, Marc:* Ahnden oder amnestieren? Westdeutsche Justiz und Vergangenheitspolitik in den sechziger Jahren, Göttingen 2004.

*Möhring, H.:* Der Anspruch auf Fürsorgeunterstützung in der Rechtsprechung der Verwaltungsgerichte, in: Der öffentliche Dienst 8/9 (1951), S. 165.

*Müller:* Die Frage des Rechtsanspruchs des Hilfsbedürftigen auf öffentliche Fürsorge, in: Recht der Arbeit 4 (1952), S. 130.

*v. Münch/ Kunig:* (Hrsg.) Grundgesetz-Kommentar Band I , 6. Aufl. München 2012.

*Muthesius, Hans:* Die Wohlfahrtspflege auf Grund der Fürsorgepflichtverordnung und der Reichsgrundsätze, Systematische Einführung, 2. Auflage, Berlin/Heidelberg 1928.

*Naumann, Richard:* DVBl. 1949, S. 442.

*Nebinger, Robert:* Verwaltungsrecht, Allgemeiner Teil, Berlin 1946.

*Nebinger, Robert:* Verwaltungsrecht, Allgemeiner Teil, 2. Auflage, Stuttgart 1949.

*Neumann, Volker:* Menschenwürde und Existenzminimum, NVwZ 1995, S. 426.

*Neumann, Volker:* Antrittsvorlesung vom 19.05.1994 an der HU Berlin, http://edoc.hu-berlin.de/humboldt-vl/neumann-volker/PDF/Neumann.pdf (zuletzt abgerufen am 26.02.2020).

*Oberverwaltungsgericht Berlin-Brandenburg*: Geschichte der Verwaltungsgerichtsbarkeit in Berlin und Brandenburg; http://www.berlin.de/gerichte/oberverwaltungsgericht/das-gericht/geschichte/ (abgerufen: 26.02.2020).

*Pabst, Ernst:* Die Bedeutung des Art. 19 Abs. 4 Bonner Grundgesetz für die verwaltungsgerichtliche Anfechtungsklage, DÖV 4 (1951) S. 284 – 288.

*Patzig, Werner:* Klagbarer Rechtsanspruch auf öffentliche Fürsorge, NJW 1951, S. 62f.

*Pauer-Studer, Herlinde:* Einleitung: Rechtfertigungen des Unrechts, Das Rechtsdenken im Nationalsozialismus, in: Herlinde Pauer-Studer/Julian Fink (Hrsg.), Rechtfertigungen des Unrechts, Das Rechtsdenken im Nationalsozialismus in Originaltexten, Berlin 2014, S. 15.

*Pauly, Stephan Felix:* Organisation, Geschichte und Praxis der Gesetzesauslegung des (Königlich) Preußischen Oberverwaltungsgerichtes 1875–1933 (= Rechtshistorische Reihe Bd. 54), Frankfurt am Main (u.a.) 1987.

*Peters, Hans:* Lehrbuch der Verwaltung, Berlin 1949.

*Ricoeur, Paul:* Geschichte und Rhetorik, in: Herta Nagl-Docekal (Hrsg.), Der Sinn des Historischen, Geschichtsphilosophische Debatten, Frankfurt am Main 1996, S. 107.

*Ringwald, Roman:* Daseinsvorsorge als Rechtsbegriff, Forsthoff, Grundgesetz und Grundversorgung, Frankfurt am Main (u.a.) 2008.

*Roscher, Wilhelm / Klumker, Christian Jasper:* System der Armenpflege und der Armenpolitik, Ein Hand- und Lesebuch für Geschäftsmänner und Studierende, 3. Auflage, Berlin 1906.

*Rosner, Dieter:* in: ND 51, S. 138.

*Rüthers, Bernd:* Überlebende und überlebte Vergangenheiten, Zwei Starjuristen einer Diktatur unter sich, myops 4/2008, S. 67.

*Rupp, Oskar:* Zur Frage des Rechts der Hilfsbedürftigen auf öffentliche Fürsorge, DÖV 1951, S. 5.

*Sachs, Michael*: Kommentar zum Grundgesetz, 8. Auflage, München 2018.

*Sachße, Christoph / Tennstedt, Florian:* Geschichte der Armenfürsorge in Deutschland, Bd. 1: Vom Spätmittelalter bis zum 1. Weltkrieg, 2. Auflage, Stuttgart (u.a.) 1998; Bd. 2: Fürsorge und Wohlfahrtspflege 1871 – 1929, Stuttgart (u.a.) 1988; Bd. 4: Fürsorge und Wohlfahrtspflege in der Nachkriegszeit 1945 – 1953, Stuttgart (u.a.) 2012.

*Schallock, Hans-Joachim:* Das Recht auf Fürsorge, in: NDV 1951, S. 164.

*Schröder* in: Zeitschrift für das Fürsorgewesen 1951, S. 256.

*Schmitz-Berning, Cornelia:* Vokabular des Nationalsozialismus. Berlin/New York 2000.

*Schnapp, Friedrich:* Magna Charta des Anspruchs auf Existenzsicherung, NZS 2010, S. 136.

*Schwegel, Andreas:* Der Polizeibegriff im NS-Staat, Polizeirecht, juristische Publizistik und Judikative 1931 – 1944, Tübingen 2005.

*Sieveking,* Der Fürsorgeanspruch in der Rechtsprechung der Verwaltungsgerichte, MDR 1951, S. 408 f.

*Stein, Ekkehart:* Staatsrecht, 14., völlig neu bearb. Auflage, Tübingen 1993.

*Stolleis, Michael*: Geschichte des öffentlichen Rechts in Deutschland, Bd. 1: Reichspublizistik und Policeywissenschaft. 2., erg. Auflage, München 2012.

*Stolleis, Michael:* Geschichte des öffentlichen Rechts in Deutschland. Bd. 3: 1914 – 1945, München 1999.

*Stolleis, Michael:* Geschichte des Sozialrechts in Deutschland, Stuttgart, Lucius & Lucius UTB, 2003.

*Stolleis, Michael:* Recht im Unrecht, Studien zur Rechtsgeschichte des Nationalsozialismus, 2. Auflage, Frankfurt am Main 2006.

*Vismann, Cornelia:* Akten, Medientechnik und Recht, Frankfurt am Main, Fischer 2000 (= Fischer TB 14927).

*Wesel, Uwe:* Geschichte des Rechts, Von den Frühformen bis zur Gegenwart, 3. Aufl., München 2006.

*Wesel, Uwe:* Juristische Weltkunde, Eine Einführung in das Recht, 8. Auflage, Frankfurt am Main 2000 (= stw 467).

*Wesel, Uwe:* Recht, Unrecht und Gerechtigkeit, Von der Weimarer Republik bis heute, München 2003.

*Weinmayer, K.:* DÖV 1949, S. 376.

*Wettmann, Andrea:* Das Sächsische Oberverwaltungsgericht im Spiegel der archivalischen Quellen des Sächsischen Hauptstaatsarchivs Dresden, in: Siegfried Reich (Hrsg.): Festschrift zum 100-jährigen Jubiläum des Sächsischen Oberverwaltungsgerichts, München 2002, S. 107.

*Wevers, Alfred:* Der Anspruch auf Armenunterstützung, Zeitschrift für das Armenwesen 1907.

*Willing, Matthias:* Das Bewahrungsgesetz (1918 – 1967), Eine rechtshistorische Studie zur Geschichte der deutschen Fürsorge (= Beiträge zur Rechtsgeschichte des 20. Jahrhunderts 42), Tübingen 2003.

*Wintrich, Josef:* Über die Eigenart und Methode verfassungsgerichtlicher Rechtsprechung, in: Verfassung und Verwaltung in Theorie und Wirklichkeit. Festschrift für Wilhelm Laforet anläßlich seines 75. Geburtstages (= Veröffentlichungen des Instituts für Staatslehre und Politik e.V. in Mainz ; Bd. 3), München 1952.

*Wojak, Irmtrud:* Fritz Bauer, 1903 – 1968, Eine Biographie, Sonderausgabe München 2011.

# Anhang: Kurze Chronologie zur Genese des Rechtsanspruchs auf Fürsorge in der Bundesrepublik Deutschland

1. Ablehnung eines subjektiven Rechts auf Fürsorgeleistungen bis zum Ende des 2. Weltkriegs in Rechtsprechung und Lehre, abgesehen von wenigen Ausnahmen, Tenor.

2. Nach Ende des 2. Weltkriegs begann in den von westlichen Alliierten besetzten Ländern des ehemaligen Deutschen Reiches eine intensive Diskussion um die Angemessenheit der tradierten Sichtweisen in Fürsorgeangelegenheiten. Ein konkreter Anknüpfungspunkt war die Verelendung breiter Bevölkerungsschichten infolge des Krieges. Auf der Basis einzelner Landesverfassungen begannen Landesverwaltungsgerichte nun, Rechtsansprüche potentieller Fürsorgeempfänger zu bejahen.

Mit Gründung der Bundesrepublik und Erlassung des Grundgesetzes (1949) wurde es möglich, auf der Grundlage von Art. 2 Abs. 2 GG einen Rechtsanspruch auf Fürsorgeleistungen zu argumentieren, indem das dort verbriefte „Recht auf Leben" in einem weiten Sinn ausgelegt wurde. Diese Auslegung war nicht unstrittig, gewann aber in Rechtsprechung und wissenschaftlicher Literatur zunehmend an Anhängerschaft.

3. Gegen einen solchen Anspruch votierten die Entscheidungen des
- OVG Thüringen vom 04.09.1946, vermutlich des
- VGH Bremen 20.01.1948, des
- VGH Stuttgart vom 18.02.1949 und des
- Hessischen VGH vom 16.03.1949,

dafür jene des
- Bayerischen VGH vom 08.03.1949, des
- OVG Münster vom 13.04.1950, des
- OVG Hamburg vom 22.01.1951, des
- OVG Lüneburg vom 05.12.1951, des
- OVG Berlin vom 29.06.1951, des

- VGH Stuttgart vom 15.01.1953 und des
- LVG Rheinland-Pfalz vom 26.11.1953.

4. Urteil des BVerwG 1, 159 vom 24. Juni 1954

FSC
www.fsc.org
MIX
Papier | Fördert gute Waldnutzung
FSC® C083411

Kolibri 360 GmbH
Ferdinand-Jühlke-Straße 7
99095 Erfurt, Deutschland
produktsicherheit@kolibri360.de